LE *Petit* LAROUSSE

ÉDITION COLLECTOR

La bonne cuisine FRANÇAISE

LE *Petit* LAROUSSE

La bonne cuisine

FRANÇAISE

LE *Petit* LAROUSSE

ÉDITION COLLECTOR

La bonne cuisine FRANÇAISE

LA RÉFÉRENCE DE LA CUISINE AU QUOTIDIEN

SOMMAIRE

NORD
et Bassin parisien

ASPERGES
à la flamande

Pour 4 personnes | **Préparation : 15 min** | **Cuisson : 20 à 25 min**

INGRÉDIENTS

1,6 kg d'asperges
6 œufs durs
200 g de beurre
4 c. à soupe de persil haché finement

1 Alignez les asperges sur une planche et coupez-les toutes à la même longueur. Pelez-les avec un Économe de la pointe vers le pied, puis lavez-les sans les laisser tremper. Liez-les en petites bottes.

2 Faites cuire les asperges debout dans de l'eau bouillante salée, entre 20 et 25 min selon leur grosseur et leur fraîcheur. Égouttez-les sur un plat recouvert d'une serviette. Laissez-les tiédir très légèrement.

3 Écalez les œufs et coupez-les en deux dans la longueur. Faites fondre doucement le beurre, puis versez-le dans un récipient très chaud.

4 Servez les asperges encore chaudes en présentant séparément les jaunes et les blancs des œufs durs, le persil haché et le beurre fondu. Chacun préparera et assaisonnera la sauce à son idée, en écrasant les œufs durs avec plus ou moins de jaune et de blanc, et en les mélangeant au beurre et au persil avant d'y tremper les asperges.

TARTE
au maroilles

Pour 4 personnes	Préparation : 15 min	Repos : 1 h	Cuisson : 20 à 25 min

INGRÉDIENTS

10 g de levure de boulanger fraîche (ou ½ sachet de levure déshydratée)
15 cl de lait tiède
200 g de farine
1 œuf
40 g de beurre fondu + pour le moule
¼ de maroilles (180 g)

1 Préparez la pâte. Délayez la levure dans le lait.

2 Tamisez la farine dans un saladier, creusez un puits au centre et mettez-y l'œuf, le beurre, la levure délayée et 1 pincée de sel.

3 Mélangez à l'aide d'un fouet jusqu'à l'obtention d'une pâte homogène mais collante.

4 Beurrez un moule à tarte de 26 cm de diamètre et versez la pâte en l'étalant un peu à l'aide d'une spatule.

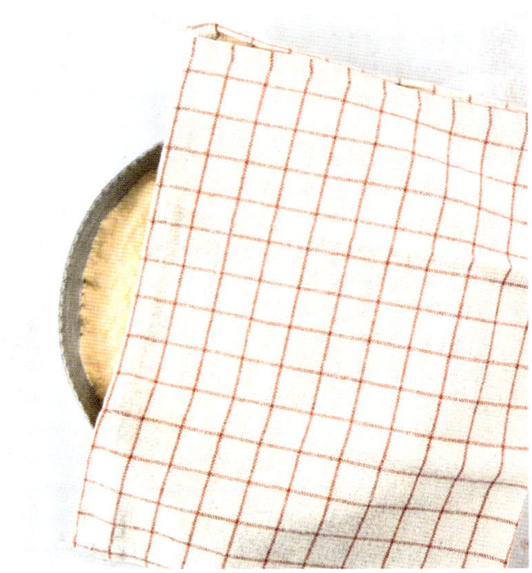

5 Couvrez d'un linge et laissez lever 1 h à température ambiante ; la pâte va augmenter de volume.

6 Préchauffez le four à 200 °C. Coupez le maroilles en tranches. Quand la pâte est bien levée, déposez les tranches de maroilles et poivrez. Enfournez pour 20 à 25 min. Servez la tarte tiède, avec une salade verte.

BOUFFIS GRILLÉS
pommes à l'huile

Pour 4 personnes | **Préparation : 15 min** | **Dessalage : 3 à 4 h** | **Cuisson : 40 min**

INGRÉDIENTS

4 bouffis (harengs)
très épais et clairs
Lait pour le trempage des harengs
500 g de petites pommes
de terre nouvelles
1 oignon haché
1 c. à soupe de moutarde forte
1 c. à café de jus de citron
2 c. à soupe d'huile
1 bouquet de persil ciselé

1 Rangez les harengs dans un plat creux, couvrez-les de lait et laissez-les tremper pendant 3 à 4 h.

2 Lavez soigneusement les pommes de terre, essuyez-les et faites-les cuire 20 min à la vapeur.

3 Dans un saladier, mélangez l'oignon avec du sel, la moutarde et le jus de citron. Laissez reposer quelques minutes afin d'adoucir l'oignon.

4 Allumez le gril du four. Vérifiez la cuisson des pommes de terre. Égouttez-les, pelez-les encore chaudes et coupez-les en rondelles épaisses. Ajoutez l'huile, le persil ciselé, le mélange d'oignon et de moutarde. Réservez au chaud.

5 Égouttez et épongez les harengs. Faites-les griller à mi-hauteur du four pendant 10 à 12 min selon leur épaisseur, en les retournant à mi-cuisson.

6 Disposez les pommes de terre encore tièdes dans un plat, ajoutez les harengs grillés coupés en tronçons de 1 cm, mélangez et servez aussitôt.

À NOTER

Le bouffi est un hareng à peine salé. Il est fumé entier jusqu'à devenir jaune paille.

CARBONADE *flamande*

Pour 6 personnes | Préparation : 20 min | Cuisson : 3 h 20

INGRÉDIENTS

1,5 kg de bœuf à braiser (macreuse ou paleron) coupé en gros morceaux
100 g de saindoux
300 g d'oignons émincés
3 c. à soupe de farine
3 c. à soupe de cassonade
3 c. à soupe de vinaigre
1 feuille de laurier
1 cône de houblon (si possible)
1 l de bière de garde blonde (bière flamande)
2 c. à soupe de moutarde forte
3 larges tranches de pain d'épices

1 Salez et poivrez les morceaux de bœuf. Faites fondre la moitié du saindoux dans une cocotte. Faites-y revenir les morceaux 1 ou 2 min de chaque côté, puis réservez-les.

2 Videz la matière grasse et remettez la cocotte à feu doux avec le reste de saindoux. Mettez-y les oignons et faites-les fondre 10 à 12 min. Ajoutez la farine et la cassonade, laissez cuire 1 min sans cesser de remuer, puis versez le vinaigre et mélangez. Retirez les oignons avec une écumoire et réservez-les.

3 Préchauffez le four à 150 °C. Disposez dans la cocotte les oignons et les morceaux de bœuf en alternance, ajoutez le laurier et, si vous en avez, le cône de houblon au milieu. Salez et poivrez, puis versez le jus rendu par la viande et la bière, qui doit recouvrir les ingrédients à hauteur.

4 Tartinez de moutarde les deux côtés des tranches de pain d'épices et posez-les sur le contenu de la cocotte. Couvrez et fermez hermétiquement le récipient (avec une feuille d'aluminium froissée placée tout autour du couvercle). Enfournez pour 3 h.

ASTUCE

Plat de brasserie par excellence, la carbonade est généralement servie avec de grosses pommes de terre fondantes (bintje) cuites à l'eau ou avec des frites. On boira, pour accompagner ce plat, une gueuze brune ou rousse plutôt, puissante, ou un vin rouge fruité et rond de la vallée du Rhône.

POTJEVLEESH

Pour 10 personnes | Préparation : 20 min | Marinade : 24 h | Réfrigération : 12 h | Cuisson : 3 h 30

INGRÉDIENTS

800 g de collier de veau
4 râbles de lapin
800 g d'échine de porc non désossée
1 branche de céleri
2 carottes
4 clous de girofle
6 feuilles de laurier
6 gousses d'ail pelées
2 l de bière blanche
20 baies de genièvre
500 g d'oignons émincés
3 branches de thym frais
4 cl de genièvre de Houlle
33 cl de vinaigre d'alcool coloré
40 g de farine

1 La veille, coupez le collier, les râbles et l'échine en gros morceaux sans les désosser. Coupez le céleri en tronçons. Épluchez les carottes et détaillez-les en rondelles. Mettez la viande, les clous de girofle, 4 feuilles de laurier, l'ail et le céleri dans un saladier. Couvrez de bière et laissez mariner 24 h au frais.

2 La jour-même, préchauffez le four à 150 °C. Dans une terrine allant au four, alternez les morceaux de viande égouttés en glissant par endroits les baies de genièvre. Tassez bien, couvrez d'oignons émincés, salez et poivrez. Décorez avec le thym et les 2 feuilles de laurier restantes.

3 Filtrez la marinade, ajoutez-y le genièvre et le vinaigre. Faites tiédir et arrosez la terrine de ce liquide jusqu'à ce qu'il recouvre la viande.

4 Lutez le couvercle : faites une pâte molle avec la farine et 1 c. à soupe d'eau, roulez-la en boudin et placez celui-ci à la jonction de la terrine et du couvercle pour rendre le tout étanche.

5 Placez la terrine dans un plat haut contenant assez d'eau pour l'immerger aux deux tiers. Enfournez pour 3 h 30.

6 Laissez reposer la terrine au moins 12 h au réfrigérateur. Servez froid.

À NOTER

Le nom de ce plat signifie littéralement « viande en pot ». On ne peut le faire en petite quantité car il y faut beaucoup de viandes différentes. Ce plat d'été est idéal si vous avez de nombreux convives, d'autant qu'il est simple à réussir et se prépare à l'avance. On peut le servir avec de la salade ou des frites ainsi qu'un assortiment de condiments : cornichons, moutarde, mayonnaise...

WATERZOÏ de poulet

Pour 4 à 6 personnes | Préparation : 30 min | Cuisson : 1 h 05

INGRÉDIENTS

1 poulet (de 1,5 à 1,7 kg)
1 l de fond de volaille
5 blancs de poireaux
2 branches de céleri
80 g de beurre
1 bouquet de persil
3 oignons émincés
2 jaunes d'œufs
25 cl de crème fraîche
Le jus de 1 citron
6 à 8 tranches de pain

1 Plongez le poulet dans le fond de volaille et faites-le cuire 30 min à petits frémissements.

2 Pendant ce temps, épluchez et coupez finement les poireaux et le céleri. Faites fondre 40 g de beurre dans une cocotte avec 5 brins de persil et faites-y cuire les légumes et les oignons à feu doux pendant 20 min ; salez et poivrez.

3 Découpez le poulet en 8 morceaux en enlevant le maximum d'os et disposez les morceaux dans la cocotte sur les légumes. Versez du bouillon de cuisson jusqu'à la hauteur du poulet et faites cuire encore 30 min.

4 Égouttez les morceaux de poulet. Délayez les jaunes d'œufs avec la crème, ajoutez le jus du citron et versez dans la cocotte. Mélangez, sans laisser bouillir, pendant 5 min. Rectifiez l'assaisonnement. Remettez les morceaux de poulet dans la cocotte.

5 Servez dans la cocotte avec, à part, des tartines grillées beurrées.

COQ
à la bière

Pour 6 personnes | **Préparation : 1 h** | **Cuisson : 1 h 40**

INGRÉDIENTS

1 coq (d'environ 2 kg) avec son foie
2 douzaines de petits oignons grelots
250 g de petits champignons de Paris
1 tranche de lard maigre demi-sel
20 g de saindoux
2 c. à soupe de genièvre
1 c. à soupe de farine
1 l de bière blonde
100 g d'échalotes émincées
2 gousses d'ail émincées
1 bouquet garni
50 g de beurre
Le jus de ½ citron
15 cl de crème fraîche épaisse (facultatif)

1 Coupez le coq en morceaux, hachez le foie et réservez-le. Pelez les oignons grelots. Lavez les champignons sans les laisser tremper, essuyez-les et coupez les queues.

2 Retirez la couenne du lard, mettez-le dans une petite casserole, couvrez-le d'eau froide et portez à la limite de l'ébullition. Égouttez-le et coupez-le en petits lardons. Préchauffez le four à 150 °C.

3 Faites rissoler les lardons avec le saindoux dans une cocotte sur feu doux, sortez-les avec une écumoire et réservez-les. Augmentez le feu et faites revenir les morceaux de coq en les retournant plusieurs fois pour qu'ils soient uniformément dorés. Retirez-les au fur et à mesure.

4 Videz la matière grasse, remettez les morceaux de coq dans la cocotte et flambez-les avec le genièvre bouillant. Poudrez de farine et versez la bière doucement pour éviter la mousse. Ajoutez les échalotes, l'ail et le bouquet garni, salez et poivrez. Couvrez, fermez hermétiquement la cocotte et enfournez pour 1 h 30.

5 Pendant ce temps, faites fondre les oignons grelots 20 min à feu très doux dans le beurre en les remuant fréquemment, puis ajoutez les champignons et le jus du citron, couvrez et laissez étuver encore une dizaine de minutes.

6 Sortez la cocotte du four, égouttez les morceaux de coq, disposez-les dans un plat creux et gardez-les au chaud. Retirez le bouquet garni, ajoutez le jus de cuisson des oignons et des champignons et faites réduire le liquide de moitié à feu vif. Ajoutez éventuellement la crème avant de servir avec le coq.

UN PETIT
verre ?

LES BIÈRES SPÉCIALES

Loin des blondes légères que l'on retrouve souvent dans le commerce aujourd'hui, **les bières** ont longtemps été produite à base de malt foncé à la fermentation haute et au brassage « par infusion » : ce qu'on appelle des « bières spéciales ». Cette tradition a peu à peu laissé place à la fin du XIXe siècle à la bière de fermentation basse, appelée « lager » et développée en Allemagne. Depuis 1950, la production des bières traditionnelles a peu à peu réapparu, jusqu'à devenir assez tendance de nos jours. Plusieurs brasseurs, notamment du Nord de la France, proposent aujourd'hui des produits spécifiques, aux saveurs prononcées, comme la Jenlain, la Pelforth brune ou encore la 3-Monts, commercialisées sur tout le territoire et disponibles en grandes surfaces. De quoi faire retomber la pression !

ON L'AIME BRUT OU TOUT DOUX

Joyau des territoires normands et bretons, **le cidre** a tout bon ! Qu'il soit doux, demi-brut ou brut, il ne vous violentera pour autant jamais les papilles (ni le cerveau) grâce à son faible taux d'alcool et ses petites bulles rafraîchissantes. Fabriqué à base de jus de pomme, il est traditionnellement consommé lors de fêtes comme la Chandeleur ou l'Épiphanie, et est la boisson incontournable des crêperies, où l'on vous proposera toujours une petite bolée de cidre en accompagnement de votre galette ou de votre crêpe. Les cidres de Bretagne et de Normandie bénéficient d'une IGP, mais cette boisson est également fabriquée hors de nos frontières, notamment au Canada, en Allemagne ou encore au Royaume-Uni.

UN PETIT CALVA ?

Le calvados, souvent servi comme digestif, est une eau-de-vie résultant de la distillation du cidre de Normandie. Il est ensuite vieilli en fûts de chênes et reçoit diverses dénominations, selon son âge et son mode de fabrication, industriel ou fermier : fine, vieux, vieille réserve ou hors d'âge. Pour autant, le calvados n'a jamais perdu de sa vigueur et demeure l'une des spécialités les plus emblématiques de la Normandie, la plupart des fermes produisant leur propre version de cet alcool fort. Il est utilisé aussi bien en boisson que dans la cuisine locale.

SANS OUBLIER LES FAMEUSES PETITES BULLES !

Levons notre verre au plus renommé des alcools français, **le champagne !** Synonyme de produit de luxe et d'exception, ses fines bulles ont su conquérir le monde, à commencer par la France qui en a fait un de ses emblèmes historiques et gastronomiques. Les techniques d'élaboration du champagne et son aire de fabrication sont reconnues par une AOC, interdisant à tout autre vin mousseux ou pétillant fabriqué hors des vignobles champenois de prétendre à l'appellation « champagne ».
Il demeure donc un produit exclusivement français depuis son apparition à la fin du XVIIe siècle. Sa renommée est telle qu'il est même inscrit au patrimoine mondial de l'UNESCO depuis 2015. Tchin-tchin !

LA CRÈME DE CASSIS, LA REINE DU KIR !

Qui n'a jamais apprécié un bon petit kir cassis ? L'invention de ce délicieux cocktail, mélangeant vin blanc ou champagne et crème de cassis, a d'ailleurs été un tremplin pour la production de cette dernière. Très parfumée, **la crème de cassis** est obtenue par macération de grains de cassis dans de l'alcool, qui sont ensuite additionnés de sucre. Elle est la grande spécialité de Dijon et de la Côte-d'Or depuis le début des années 1840, et se consomme la plupart du temps mélangée dans des cocktails, comme le fameux kir ou encore le « mêlé-cass », constitué d'un tiers de cassis et de deux tiers d'eau de vie de vin.

LE « P'TIT JAUNE »

Contrairement à ce que l'on pourrait croire, la région consommant le plus de **pastis** en France n'est pas le Sud mais les Hauts-de-France ! Quoi qu'il en soit, cet alcool anisé traditionnellement produit dans la région de Marseille est devenu une institution nationale. Aujourd'hui, c'est l'entreprise Pernod-Ricard, résultat de la fusion de deux anciens concurrents, qui domine le marché avec les deux marques les plus vendues : Ricard et 51. Mais il existe d'autres bouteilles moins connues et pour autant qualitatives : Casanis, Henri Bardouin, Janot... Le pastis se boit traditionnellement à l'apéritif, coupé à l'eau plate et servi avec des glaçons. Des variantes au sirop existent, comme le perroquet au sirop de menthe, la tomate au sirop de grenadine et la fameuse mauresque au sirop d'orgeat. Attention toutefois à respecter les bons dosages pour ne pas « noyer » le verre ou vous retrouver avec un « flamby », comme on le dit dans la cité phocéenne !

TOUS LES CHEMINS MÈNENT AU RHUM !

Obtenu à partir de canne à sucre, **le rhum traditionnel de sucrerie** est l'une des spécialités de La Réunion depuis plusieurs siècles. Au XVIIe siècle, la canne à sucre commence à être cultivée dans des plantations et la distillation de son jus, appelé « vesou », permet d'obtenir du rhum. Deux siècles plus tard, le développement de l'industrialisation permet d'augmenter l'activité sucrière, et le rhum est alors obtenu à partir de la mélasse de canne, résidu sirupeux résultant de la cristallisation du sucre. Moins délicat, ce rhum appelé « tafia » continue toutefois d'être fabriqué sur l'île.

ENDIVES
au jambon

Pour 4 personnes | Préparation : 30 min | Cuisson : 30 min

INGRÉDIENTS

4 endives bien blanches et fermées
90 g de beurre
30 g de farine
50 cl de lait
Noix de muscade
60 g de fromage râpé
4 tranches de jambon blanc

1. Éliminez les premières feuilles abîmées des endives et coupez le trognon.

2. Mettez à chauffer 30 g de beurre dans une poêle et faites-y cuire les endives à l'étuvée.

3. Dans une casserole, faites fondre 30 g de beurre. Ajoutez la farine et remuez vivement pour obtenir un mélange lisse. Laissez cuire 2 min, sans laisser colorer. Ôtez la casserole du feu et versez le lait froid d'un seul coup, en fouettant pour empêcher la formation de grumeaux. Remettez la béchamel sur le feu et laissez-la cuire 10 à 12 min en la remuant pour la faire épaissir. Salez, poivrez, râpez une bonne pincée de noix de muscade et ajoutez 30 g de fromage râpé. Mélangez bien.

4. Préchauffez le four à 275 °C. Beurrez un plat à gratin. Égouttez les endives, enroulez chacune d'elles dans 1 tranche de jambon. Rangez-les côte à côte dans le plat et nappez-les de béchamel.

5. Parsemez du reste de fromage râpé et du reste de beurre (30 g) en noisettes. Enfournez pour 15 min environ. Servez très chaud.

ANDOUILLETTES GRILLÉES

aux oignons frits

Pour 4 personnes | Préparation : 15 min | Cuisson : 15 min

INGRÉDIENTS

4 gros oignons
Bière
Farine
4 andouillettes de Troyes
Huile pour la friture

1 Émincez les oignons en rondelles et séparez ces dernières les unes des autres. Versez de la bière dans une assiette creuse et de la farine dans une autre. Salez et poivrez la farine, puis mélangez bien.

2 Piquez chaque andouillette deux ou trois fois avec la pointe d'un petit couteau. Faites-les griller une dizaine de minutes sous le gril du four ou directement au barbecue, en les retournant plusieurs fois pour qu'elles soient uniformément dorées.

3 Chauffez l'huile à 180 °C. Passez les rondelles d'oignons une par une dans la bière, puis dans la farine et plongez-les dans l'huile par petites quantités à la fois. Quand elles sont bien dorées, sortez-les au fur et à mesure avec une écumoire et égouttez-les sur un papier absorbant.

4 Posez les andouillettes sur un plat chaud. Entourez-les des rondelles d'oignons. Servez très chaud.

FICELLES *picardes*

Pour 4 personnes | **Préparation : 15 min** | **Cuisson : 25 min**

INGRÉDIENTS

400 g de champignons de Paris
2 échalotes émincées
50 g de beurre + pour beurrer le plat
4 crêpes salées
4 tranches de jambon blanc
8 c. à soupe de crème fraîche
100 g d'emmental râpé

1 Beurrez un plat à gratin. Brossez les champignons, coupez-en le pied terreux et détaillez-les en lamelles épaisses.

2 Préchauffez le four à 220 °C. Dans une casserole, faites blondir doucement les échalotes au beurre. Ajoutez les lamelles de champignons et laissez-les cuire 10 min, sans couvrir pour qu'ils rendent leur eau.

3 Dans le plat à gratin, posez 1 crêpe, recouvrez-la de 1 tranche de jambon découenné, puis d'un quart de la préparation aux champignons et nappez de 1 belle cuillerée de crème fraîche. Salez et poivrez, puis roulez la crêpe. Procédez de même avec les 3 autres crêpes. Rangez-les dans le plat à gratin, répartissez le reste de la crème sur le dessus et parsemez généreusement d'emmental. Enfournez pour 10 min environ, en laissant bien gratiner le fromage. Servez très chaud.

À NOTER

Recette typique du Nord, la ficelle picarde se sert aussi bien en entrée consistante qu'en plat, accompagnée d'une belle laitue assaisonnée au vinaigre de noix et d'une bière légère.

PIÈCES DE BŒUF
aux échalotes

Pour 4 personnes | **Préparation : 20 min** | **Cuisson : 45 min**

INGRÉDIENTS

16 petites échalotes
20 cl d'huile de tournesol
1 carotte
1 petite branche de céleri (30 g environ)
75 cl de vin rouge
1 c. à soupe de cassonade
25 g de beurre
4 pavés de rumsteck

1 Pelez les échalotes. Mettez-les dans une casserole, versez l'huile jusqu'à ce qu'elle les recouvre, puis salez et poivrez. Faites bien chauffer l'huile, puis laissez les échalotes cuire à feu très doux pendant 30 min ; elles doivent être confites mais pas dorées. Laissez-les refroidir dans l'huile, puis égouttez-les dans une passoire.

2 Épluchez la carotte et détaillez-la en petits cubes. Émincez finement la branche de céleri. Mettez les légumes dans une casserole avec le vin rouge. Faites réduire le vin des deux tiers à feu vif, puis ajoutez la cassonade et laissez cuire encore quelques minutes pour obtenir une sauce sirupeuse.

3 Hors du feu, ajoutez le beurre en petits morceaux tout en fouettant. Mettez les échalotes égouttées dans la sauce et réservez au chaud.

4 Dans une poêle, mettez à chauffer 1 c. à soupe d'huile et faites-y cuire les pavés de bœuf 3 ou 4 min de chaque côté, à feu moyen ; salez et poivrez.

5 Servez aussitôt avec la sauce aux échalotes confites et une purée de topinambours ou de céleri.

NAVARIN
d'agneau

Pour 4 à 6 personnes | Préparation : 25 min | Cuisson : 1 h

INGRÉDIENTS

600 g d'épaule d'agneau
600 g de collier d'agneau
2 tomates
2 c. à soupe d'huile d'arachide
1 c. à soupe de farine
Noix de muscade
2 gousses d'ail hachées
1 bouquet garni
2 bottes de carottes nouvelles
200 g de navets nouveaux
1 botte de petits oignons blancs
300 g de haricots verts
300 g de petits pois frais
25 g de beurre

1 Coupez l'épaule d'agneau en gros morceaux et le collier en tranches.

2 Plongez les tomates 20 secondes dans de l'eau bouillante, puis rafraîchissez-les à l'eau froide. Pelez-les, épépinez-les et concassez-les.

3 Faites chauffer l'huile dans une grande cocotte et dorez les morceaux d'agneau. Égouttez-les sur un papier absorbant et jetez la graisse.

4 Remettez la viande dans la cocotte, poudrez de farine et faites cuire 3 min en remuant. Salez, poivrez et râpez de la muscade. Ajoutez tomates, ail et bouquet garni dans la cocotte ainsi qu'un peu d'eau pour que la viande soit mouillée jusqu'à sa hauteur. Dès l'ébullition, couvrez et laissez mijoter 35 min.

5 Grattez les carottes et les navets, épluchez les oignons, effilez les haricots verts, écossez les petits pois. Mettez le beurre à fondre dans une sauteuse et faites-y juste dorer carottes, oignons et navets.

6 Faites cuire les haricots verts 7 ou 8 min à la vapeur.

7 Mettez dans la cocotte les carottes, les navets, les oignons et les petits pois, puis mélangez. Poursuivez doucement la cuisson, à couvert, pendant 20 à 25 min. Ajoutez les haricots verts 5 min avant de servir et mélangez délicatement. Servez très chaud, dans la cocotte.

STAUB
STAUB

TARTE
au sucre

Pour 6 personnes | Préparation : 20 min | Repos : 2 h | Cuisson : 35 min

INGRÉDIENTS

POUR LA PÂTE
15 g de levure de boulanger
10 cl de lait tiède
250 g de farine
100 g de beurre fondu
2 œufs

POUR LA GARNITURE
100 g de vergeoise blonde
40 g de beurre
15 cl de crème fraîche

1 Préparez la pâte. Délayez la levure dans le lait. Tamisez la farine dans un saladier. Faites un puits, ajoutez 1 pincée de sel, le beurre, les œufs et la levure délayée. Mélangez et travaillez la pâte jusqu'à ce qu'elle soit bien homogène. Mettez-la en boule, recouvrez d'un linge et laissez reposer 1 h à température ambiante.

2 Étalez la pâte en un disque de 25 cm de diamètre et déposez-la sur une plaque recouverte de papier sulfurisé. Du bout des doigts, faites-y des petits creux. Laissez reposer à nouveau pendant 1 h.

3 Préchauffez le four à 180 °C. Saupoudrez la tarte de vergeoise, puis répartissez le beurre en noisettes. Enfournez pour 30 min. Sortez la tarte du four et nappez-la de crème fraîche. Remettez-la à cuire 4 à 6 min. Servez tiède.

ASTUCE

Cette tarte est sans aucun doute la plus populaire de toutes celles que l'on fait dans le Nord. Vous pouvez remplacer la vergeoise blonde par de la cassonade ou de la vergeoise brune, au goût plus prononcé, et ajouter un peu de vanille ou de cannelle dans la crème.

GAUFRES
de ducasse

Pour 8 à 10 gaufres | **Préparation : 15 min** | **Repos : 2 h** | **Cuisson : 3 min par gaufre**

INGRÉDIENTS

12 g de levure de boulanger fraîche (ou ½ sachet de levure déshydratée)
125 g de lait
250 g de farine
1 œuf
125 g de bière
50 g de beurre
Sucre glace pour saupoudrer

1 Diluez la levure dans le lait tiède. Dans un saladier, mélangez la farine avec 1 pincée de sel, l'œuf et le lait additionné de la levure. Délayez cette pâte avec 12,5 cl d'eau et la bière. Ajoutez le beurre fondu et mélangez bien ; la pâte sera assez liquide.

2 Couvrez et laissez reposer 2 h à température ambiante ; la pâte va augmenter de volume.

3 Préchauffez le gaufrier muni de plaques à gaufres (gros quadrillage). Versez 1 louche de pâte au centre et refermez aussitôt. Retournez le gaufrier et laissez cuire 3 min. Procédez ainsi pour toutes les gaufres. Lorsque les gaufres sont cuites, saupoudrez-les généreusement de sucre glace et servez aussitôt.

À NOTER

C'est au cours du xve siècle qu'un artisan flamand inventa un « coffre » de fer pour y faire cuire des biscuits des deux côtés, sur le feu. Les « cofrettes », puis « gaufrettes » et autres gaufres ont régalé depuis des générations de gourmands !

BEIGNETS CHAMPENOIS
au fromage blanc

Pour 4 personnes | **Préparation : 15 min** | **Réfrigération : 1 h** | **Cuisson : 5 min par beignet**

INGRÉDIENTS

250 g de fromage blanc
bien égoutté
1 œuf et 1 jaune d'œuf
50 g de sucre + pour servir
70 g de farine
Huile pour la friture

1 Travaillez le fromage blanc à la spatule dans un saladier en incorporant petit à petit l'œuf, le jaune d'œuf, le sucre, 1 pincée de sel et la farine jusqu'à obtention d'une pâte souple et homogène, mais qui ne coule pas. Salez et laissez reposer 1 h minimum au réfrigérateur.

2 Remplissez à demi une assiette creuse de sucre et faites chauffer l'huile de friture à 170-180 °C. Prélevez des boules de pâte avec une cuillère et plongez-les dans l'huile par petites quantités, en faisant plusieurs tournées.

3 Laissez frire jusqu'à ce que les beignets soient gonflés et bien dorés. Sortez-les au fur et à mesure avec une écumoire et égouttez-les sur du papier absorbant. Roulez-les dans le sucre, disposez-les sur un plat et servez chaud.

GRAND Ouest

COQUILLES SAINT-JACQUES

à la nantaise

Pour 4 personnes | **Préparation : 30 min** | **Cuisson : 10 min**

INGRÉDIENTS

8 coquilles Saint-Jacques
100 g de mie de pain
15 cl de lait
2 échalotes émincées
1 gousse d'ail émincée
60 g de beurre
2 c. à soupe de persil ciselé
Chapelure

1 Ouvrez les coquilles Saint-Jacques en retirant seulement la partie noire collée au muscle. Rincez bien les noix et le corail. Lavez longuement les barbes pour éliminer tout le sable, pressez-les bien pour extraire toute l'eau et hachez-les très finement. Conservez quatre coquilles creuses et nettoyez-les avec soin.

2 Faites tremper la mie de pain dans le lait. Égouttez-la, puis pressez-la entre vos doigts. Faites fondre les échalotes et l'ail avec 40 g de beurre jusqu'à ce qu'ils soient transparents, puis mélangez-les à la mie de pain. Ajoutez les barbes, le persil ciselé, salez, poivrez et remuez.

3 Répartissez la moitié du mélange dans les quatre coquilles creuses. Coupez les noix de Saint-Jacques en deux horizontalement et posez-les dans les coquilles avec le corail. Recouvrez avec le reste de la préparation.

4 Préchauffez le four à 220 °C. Parsemez la surface des coquilles de chapelure, répartissez le reste de beurre en noisettes et enfournez pour une dizaine de minutes. Servez très chaud.

COQUILLAGES

et crustacés...

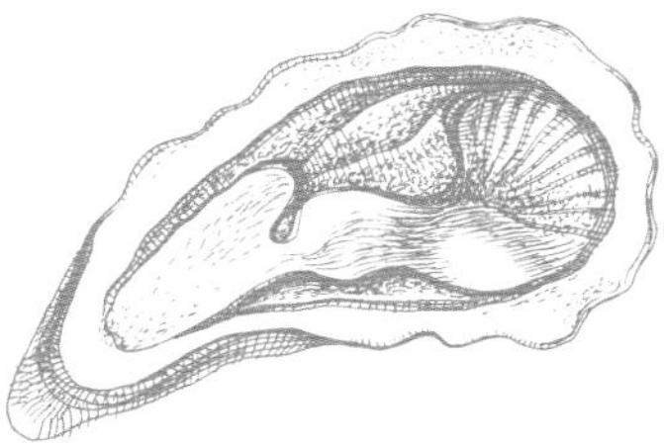

ON L'AIME OU ON LA DÉTESTE !

Que son aspect et son goût très iodé rebute ou hypnotise, il est (fine de) clair que **l'huître** est clivante ! Dégustée à la table de Noël ou avec un petit verre de vin blanc pendant l'été, c'est l'un des coquillages les plus notables du patrimoine gastronomique français, avec pas moins de sept bassins de productions répartis pour la plupart sur la côte Atlantique. Mais à quelle huître se vouer alors ? Il existe plusieurs manières de différencier les huîtres : à coquille creuse ou à coquille plate, spéciale, c'est-à-dire charnue, ou bien fine, c'est-à-dire beaucoup moins, leur numéro indiquant leur poids... Dans le cas des huîtres creuses, les plus répandues, elles sont classées de 0 à 5, le chiffre étant de plus en plus petit plus l'huître est lourde. Ainsi, une huître n°1 sera beaucoup plus grosse qu'une huître n°4, et donc beaucoup plus présente en bouche. Les huîtres claires, quant à elles, désignent un mode de production spécifique du bassin de Marennes-Oléron : élevées en pleine mer, elles sont ensuite transférées dans des bassins artificiels d'eau de mer afin d'être affinées deux à six mois avant d'être récoltées.

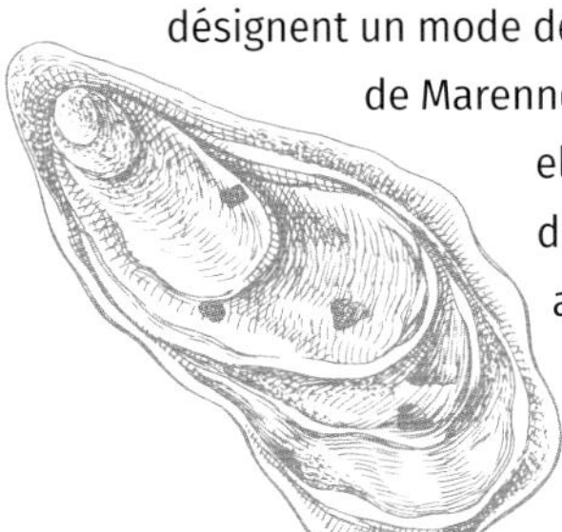

LE COQUILLAGE DES GASTRONOMES

La coquille Saint-Jacques vit sur les fonds côtiers sableux et herbeux de la Manche et de l'Atlantique. Sa pêche, sévèrement réglementée, est réalisée par ratissage de ces fonds. Ce gros coquillage contient une partie de chair blanche, ferme, charnue et savoureuse, appelée noix, qui s'accompagne de ce qu'on appelle le corail, en forme de demi-lune orangée. Il s'agit d'un vrai produit anti-gaspi, puisque la coquille peut elle-même se prêter à divers usages, comme nous l'ont jadis montré les pèlerins de Saint-Jacques-de-Compostelle qui s'en servaient d'écuelle et la portaient autour du cou quand ils ne l'utilisaient pas. Pratique et accessible, c'est l'accessoire mode indispensable à arborer lors de votre prochaine randonnée (ou pas) !

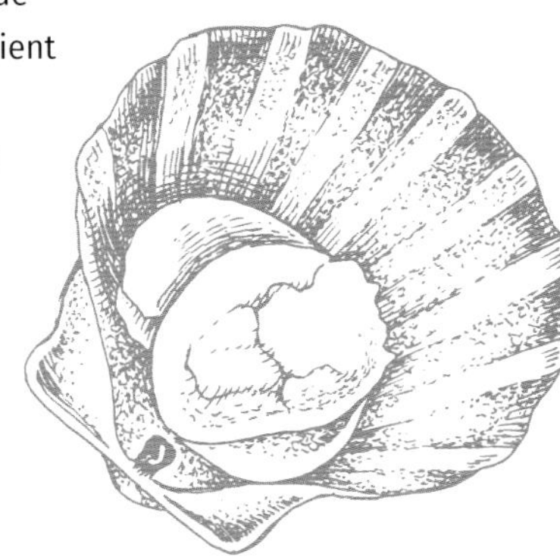

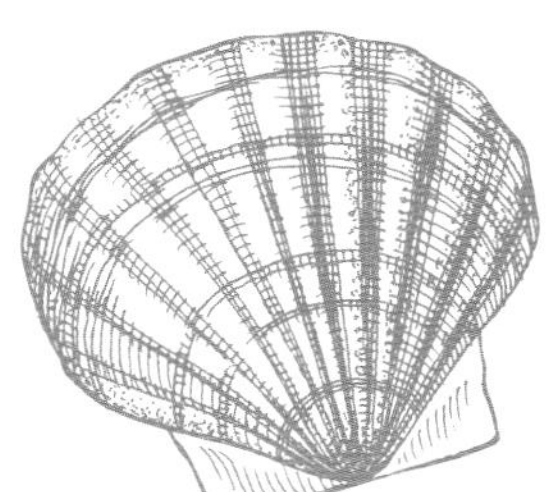

COMME UNE MOULE À SON ROCHER

Les moules de Bouchot sont élevées sur des pieux en bois, appelés bouchots, plantés dans les eaux côtières de l'Atlantique et sur lesquels elles vont naturellement venir s'accrocher... comme à un rocher. Ce mode de production ancestral est reconnu comme particulièrement écologique et durable, puisque son empreinte carbone est proche de zéro. Ces moules sont très appréciées pour leur saveur iodée délicate et leur texture ferme et charnue. Elles sont souvent consommées cuites, dans des plats tels que la mouclade, une spécialité charentaise qui consiste en des moules cuites dans une sauce à la crème et au curry (voir recette p. 84). Les moules de bouchot sont également une source importante de nutriments, tels que les protéines, les vitamines et les minéraux, et relativement faibles en gras et en calories, ce qui en fait un choix de nourriture saine pour les amateurs de fruits de mer. Délicieuse, diététique et écolo, c'est la moule de bouchot qu'il vous faut !

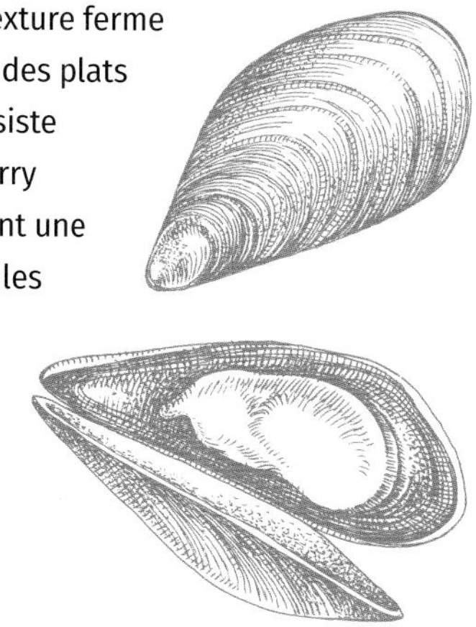

IL NE MANQUE PAS DE PIQUANT !

Les oursins, petites boules noires recouvertes de piquants à l'aspect un petit peu intimidant, contiennent une chair orangée crémeuse, fine et très iodée, particulièrement appréciée des amateurs de fruits de mer. Toutefois, l'oursin se mérite si vous souhaitez le pêcher vous-même. S'il est assez facile à cueillir entre les rochers des fonds ou des côtes méditerranéennes, avec un simple masque et un tuba, en revanche, attention à ne pas vous enfoncer une de ses épines dans la peau ! De plus, sa récolte est très réglementée afin de protéger les populations locales et leur assurer une reproduction pérenne : vous ne pourrez en ramasser qu'entre novembre et avril, les dates pouvant différer d'un département à l'autre. Mais quel plaisir de les ouvrir à même la plage et de les déguster à la petite cuillère avec un filet de jus de citron !

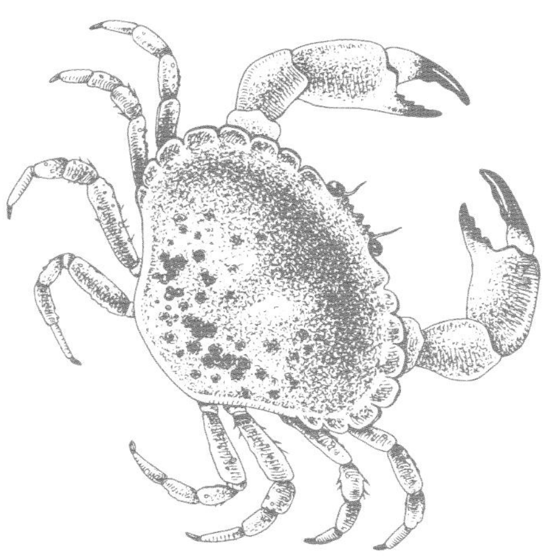

LE « TOULOULOU » DES ANTILLES

Selon son espèce, son âge, sa taille et le lieu où il est capturé, **le crabe de terre des Antilles** prend diverses appellations, comme « crabe blanc », « boko », « crabe soleil », « dos rouge », « krab a bab » ou « touloulou ». Contrairement aux crabes que l'on a l'habitude de croiser sur les côtes de l'hexagone, le crabe de terre ne rejoint la mer qu'en période de reproduction et vit le reste du temps en terrier, comme les lapins ! D'ailleurs, il est traditionnellement consommé pour les lundis de Pâques.

GRATIN D'HUÎTRES
à la Chandivert

Pour 4 personnes | **Préparation : 20 min** | **Cuisson : 10 min**

INGRÉDIENTS

24 huîtres (plates ou creuses)
10 cl de cidre brut
10 cl de crème fraîche
30 g de chapelure
20 g de beurre

1 Ouvrez les huîtres, décoquillez-les, en réservant leur eau et replacez-les dans leur coquille. Donnez un tour de moulin à poivre.

2 Filtrez l'eau des huîtres, mettez-la dans une petite casserole et faites-la réduire de moitié à feu vif. Ajoutez le cidre et la crème fraîche et laissez mijoter doucement jusqu'à l'obtention d'une sauce onctueuse.

3 Préchauffez le four à 180 °C. Nappez les huîtres de sauce dans leur coquille, saupoudrez avec la chapelure et répartissez quelques noisettes de beurre en surface. Enfournez pour 10 min. Servez aussitôt.

ASTUCE

Ce gratin était la spécialité de la brasserie Chandivert, célèbre à Caen avant la guerre. On peut remplacer le cidre par du vin blanc sec et parsemer un peu de fromage râpé en surface avant de mettre au four. On peut réaliser aussi des gratins individuels, dans des plats à œufs, par exemple.

GALETTES
de blé noir

Pour 8 à 10 galettes | Préparation : 10 min | Repos : 1 h | Cuisson : 4 min par galette

INGRÉDIENTS

300 g de farine de sarrasin
1 gros œuf
75 cl d'eau froide environ

1 Dans un saladier, formez un puits avec la farine, ajoutez 1 pincée de sel, l'œuf et versez une petite quantité d'eau, remuez avec un fouet et incorporez l'eau au fur et à mesure en fouettant pour éviter la formation de grumeaux.

2 Couvrez la pâte avec un torchon et laissez-la reposer 1 h dans une pièce fraîche.

3 Pour la cuisson, huilez une galettière. Versez une louche de pâte et étalez-la avec une spatule en bois. Laissez cuire 3 min environ, décollez la pâte avec une spatule en métal, mais ne la retournez pas (traditionnellement, on ne cuit la galette que d'un seul côté, afin de conserver du moelleux).

4 Disposez les ingrédients au centre de la galette toujours sans la retourner, laissez-les chauffer et repliez les bords de la galette avant de servir.

À NOTER

Au XVe siècle, la duchesse Anne décide de faire cultiver le blé noir dans son duché de Bretagne. Cette céréale à croissance rapide, également appelée sarrasin (en souvenir des croisades), fournira, sous diverses formes, une nourriture quotidienne aux Bretons jusqu'au milieu du XIXe siècle. Le pain blanc la remplace alors progressivement. D'une épaisseur de 2 ou 3 mm (plus fine, on l'appelle plutôt crêpe de blé noir), la galette de blé noir, spécialité de l'est de la Bretagne, se prête à de multiples garnitures salées.

POULET
vallée d'Auge

Pour 6 personnes | **Préparation : 30 min** | **Cuisson : 40 min**

INGRÉDIENTS

1 poulet de grain (d'environ 1,8 kg)
100 g de beurre
3 c. à soupe de calvados
50 g d'échalotes coupées en quatre
15 cl de cidre
250 g de champignons de Paris
20 cl de crème fraîche

1. Découpez le poulet en morceaux.

2. Faites dorer les morceaux de poulet avec la moitié du beurre dans une cocotte à feu moyen. Retirez la graisse de cuisson et flambez au calvados. Salez, poivrez, ajoutez les quartiers d'échalotes et mouillez avec le cidre. Couvrez et laissez mijoter pendant 40 min environ.

3. Nettoyez les champignons et éliminez les queues. Émincez-les et faites-les étuver à couvert avec le reste du beurre pendant 3 ou 4 min, en remuant de temps à autre. Ôtez le couvercle et laissez cuire jusqu'à évaporation de l'eau de végétation.

4. Environ 5 min avant la fin de la cuisson du poulet, incorporez la crème, mélangez bien, puis ajoutez les champignons. Laissez mijoter doucement.

5. Retirez les morceaux de poulet de la cocotte et disposez-les dans un plat chaud. Rectifiez l'assaisonnement de la sauce et nappez-en la volaille. Servez avec des quartiers de pommes rissolés.

ASTUCE

Pour cette recette, choisissez de préférence une poularde de Crèvecoeur ou de Houdan.

BOUDIN DE MORTAGNE

aux pommes

Pour 4 personnes | **Préparation : 10 min** | **Cuisson : 15 min**

INGRÉDIENTS

4 à 6 pommes
100 g de beurre
4 morceaux de boudin noir
(d'environ 200 g chacun)

1 Pelez les pommes, retirez le cœur et les pépins et coupez-les en lamelles épaisses.

2 Mettez la moitié du beurre à fondre dans une poêle, ajoutez les pommes et faites-les cuire très doucement pendant environ 15 min. Salez et poivrez.

3 Faites fondre le reste du beurre dans une autre poêle et mettez-y à cuire les morceaux de boudin à feu plus vif pendant une dizaine de minutes, en les retournant plusieurs fois.

4 Disposez le boudin sur un plat chaud, recouvrez-le de pommes et servez aussitôt.

JAMBON BRAISÉ
au cidre

Pour 6 personnes | Préparation : 15 min | Dessalage : 24 h | Cuisson : 1 h

INGRÉDIENTS

1,2 kg de jambon demi-sel sans os
1,5 l de cidre brut
1 bouquet garni
150 g de beurre
3 c. à soupe de vinaigre de cidre

1 Faites tremper le jambon 24 h dans de l'eau froide en changeant l'eau plusieurs fois pour le dessaler. Égouttez-le.

2 Mettez le jambon dans une casserole avec le cidre et le bouquet garni. Amenez doucement à la limite de l'ébullition, puis faites pocher à très petits frémissements pendant 45 min. Laissez refroidir dans le jus.

3 Égouttez le jambon (conservez le jus) et parez-le en enlevant la couenne et la graisse. Coupez-le en tranches d'environ 1 cm d'épaisseur.

4 Mettez 30 g de beurre dans une poêle et faites dorer les tranches de jambon sur les 2 faces, à feu modéré. Rangez-les au fur et à mesure sur un plat et gardez-les au chaud. Jetez la graisse de cuisson.

5 Remettez la poêle à feu vif. Déglacez avec le vinaigre en grattant bien la poêle pour récupérer tous les sucs, laissez cuire quelques minutes, puis versez un verre du jus de cuisson du jambon. Portez à ébullition, laissez réduire d'environ un tiers, puis incorporez en fouettant le reste du beurre en petits morceaux. Rectifiez l'assaisonnement.

6 Versez un peu de sauce sur les tranches de jambon et servez le reste en saucière. Accompagnez le plat de poireaux étuvés au beurre ou de pommes vapeur.

ASTUCE

À défaut de jambon cru, utilisez du jambon cuit « à l'os » ; dans ce cas, vous remplacerez le liquide de cuisson du jambon par du cidre dans la seconde partie de la recette.

KIG HA FARZ

Pour 8 personnes | **Préparation : 30 min** | **Cuisson : 4 h**

INGRÉDIENTS

1 petit chou
300 g de carottes
3 oignons
1 branche de céleri
1,5 kg de bœuf (gîte ou macreuse)
1 bouquet garni
750 g de poitrine de porc

POUR LE FARZ

200 g de farine de sarrasin
2 œufs
20 cl de lait
20 cl de crème fraîche

1 Épluchez et coupez les légumes en morceaux. Mettez-les dans une marmite avec le bœuf et le bouquet garni. Recouvrez largement d'eau et portez à ébullition en écumant régulièrement. Salez, poivrez et laissez cuire à petits frémissements pendant 2 h.

2 Préparez le farz. Tamisez la farine en fontaine dans un saladier, ajoutez les œufs battus en omelette avec 1 c. à café de sel et mélangez bien à la spatule. Faites chauffer le lait et la crème et versez-les peu à peu dans le saladier, sans cesser de remuer, jusqu'à l'obtention d'une pâte homogène.

3 Versez cette pâte, qui doit être assez molle, dans plusieurs grandes poches à thé ou faites-en des boules et enveloppez-les dans des carrés de mousseline que vous fermerez avec de la ficelle de cuisine.

4 Plongez les sacs de pâte dans le bouillon et poursuivez la cuisson pendant 1 h. Ajoutez la poitrine de porc et laissez cuire encore 1 h.

5 Disposez les viandes et les légumes sur un plat chaud, répartissez les farz tout autour et servez le bouillon en soupière.

ASTUCE

Ce « pot-au-feu » breton est un plat unique. On peut servir le farz d'abord avec le bouillon et apporter les viandes ensuite ou tout servir en même temps et mouiller le contenu de l'assiette avec du bouillon.

MOULES
à la marinière

Pour 4 à 6 personnes | Préparation : 20 min | Cuisson : 8 min

INGRÉDIENTS

3 kg de moules
30 g de beurre
1 gros oignon haché
1 échalote hachée
20 à 30 cl de vin blanc sec
1 brin de thym
½ feuille de laurier

1 Débarrassez les moules des restes de filaments qui y sont accrochés, en les grattant au couteau sous l'eau courante. Elles ne doivent pas tremper sinon elles s'ouvrent.

2 Faites fondre le beurre dans une casserole, ajoutez l'oignon et l'échalote et laissez-les cuire très doucement 1 ou 2 min.

3 Versez les moules, puis le vin blanc. Salez et poivrez, ajoutez le thym et le laurier. Faites cuire 6 min à feu vif en remuant souvent et en secouant la casserole de temps en temps.

4 Lorsque les moules sont ouvertes, retirez-les de la casserole et mettez-les dans un saladier chaud. Retirez le thym et le laurier ainsi que les moules restées fermées. Versez le liquide de cuisson sur les moules, mélangez et servez.

ASTUCE

Vous pouvez filtrer le jus avant d'en arroser les moules et lui ajouter 3 c. à soupe de crème fraîche.

COTRIADE

Pour 6 personnes | Préparation : 30 min | Cuisson : 40 min

INGRÉDIENTS

1,5 kg de poissons variés (congre, maquereau, vieille, merlan, lieu)
6 pommes de terre moyennes
2 oignons émincés
50 g de beurre demi-sel

POUR LA VINAIGRETTE

1 c. à soupe de moutarde forte
3 c. à soupe de vinaigre
9 c. à soupe d'huile
2 c. à soupe de persil ciselé

1 Videz et lavez les poissons. Coupez-les en tronçons ou en tranches et laissez les plus petits entiers. Pelez les pommes de terre et coupez-les éventuellement en rondelles épaisses.

2 Faites fondre les oignons avec le beurre dans un faitout, à feu moyen, jusqu'à ce qu'ils soient transparents. Ajoutez les pommes de terre, versez assez d'eau pour recouvrir le tout, salez et poivrez. Portez à ébullition, puis baissez le feu et laissez cuire 10 min à petits frémissements.

3 Pendant ce temps, préparez la vinaigrette. Mélangez la moutarde, le vinaigre et du sel dans un bol, puis versez l'huile en filet, en fouettant avec une fourchette pour émulsionner l'ensemble. Ajoutez le persil et transvasez en saucière.

4 Mettez le congre dans le faitout et poursuivez la cuisson pendant 10 min. Introduisez ensuite les autres poissons fermes (maquereau, lieu) et faites cuire encore 5 ou 6 min. Ajoutez enfin les poissons les plus fragiles (merlans) et laissez encore environ 4 min à feu doux.

5 Retirez délicatement les poissons avec une écumoire et mettez-les dans un plat chaud. Disposez les pommes de terre autour. Mouillez avec deux louches de bouillon et versez quelques cuillerées de vinaigrette. Servez séparément la soupe, accompagnée de tranches de pain grillées, et le poisson avec le reste de vinaigrette en saucière.

SARDINES
au plat

Pour 4 personnes | Préparation : 20 min | Cuisson : 10 à 12 min

INGRÉDIENTS

2 douzaines de sardines
40 g de beurre
4 échalotes hachées
1 citron
½ verre de vin blanc
Quelques brins de persil ciselés

1. Nettoyez et videz les sardines. Salez-les et poivrez-les.
2. Préchauffez le four à 250 °C. Beurrez un plat allant au four avec 10 g de beurre et étalez au fond les échalotes hachées ; salez.
3. Disposez les sardines dans le plat, arrosez-les d'un filet de jus de citron, versez le vin blanc et ajoutez le reste de beurre en petits morceaux. Enfournez pour 10 à 12 min.
4. Parsemez les sardines de persil ciselé à la sortie du four et servez aussitôt.

BAR EN CROÛTE
de sel de Guérande

Pour 4 personnes | Préparation : 15 min | Cuisson : 35 à 45 min

INGRÉDIENTS

1 bar (de 1,2 à 1,5 kg)
2 kg de gros sel de Guérande

POUR LA SAUCE HOLLANDAISE
3 c. à soupe de vinaigre de vin blanc
4 jaunes d'œufs
250 g de beurre fondu

1 Videz le bar sans l'écailler. Lavez-le, puis séchez-le avec soin.

2 Préchauffez le four à 240 °C. Étalez régulièrement la moitié du sel dans un plat à four ou dans la lèchefrite tapissée d'une feuille d'aluminium, posez le poisson dessus, puis recouvrez-le complètement avec le reste du sel. Enfournez pour 35 à 45 min.

3 Pendant ce temps, préparez la sauce hollandaise. Versez le vinaigre dans une petite casserole à fond épais, faites réduire de moitié à feu vif, puis laissez tiédir. Mettez la casserole dans un bain-marie moyen (pas plus de 80 °C), ajoutez 3 c. à soupe d'eau froide, les jaunes d'œufs et fouettez jusqu'à ce que le mélange épaississe un peu. Versez alors le beurre fondu, peu à peu, sans cesser de fouetter. Salez, poivrez et réservez.

KOUIGN-AMANN

Pour 6 personnes	Préparation : 40 min	Repos : 1 h 15	Cuisson : 30 min

INGRÉDIENTS

10 g de levure de boulanger
300 g de farine
200 g de beurre demi-sel
ramolli + 10 g de beurre fondu
+ 50 g pour le moule
200 g de sucre
+ 50 g pour le moule

1 Délayez la levure dans 20 cl d'eau tiède.

2 Tamisez la farine dans un saladier, mettez la levure délayée et le beurre fondu au centre, puis pétrissez une dizaine de minutes, jusqu'à ce que la pâte soit souple et homogène.

3 Recouvrez-la d'un linge et laissez-la doubler de volume 1 h environ dans un endroit tiède.

4 Étalez la pâte pour former une grande crêpe. Étalez le beurre demi-sel ramolli dessus, en laissant une marge de 2 cm sur le pourtour, et versez le sucre pour recouvrir le beurre.

5 Repliez cette crêpe de manière qu'elle forme un triangle.

6 Préchauffez le four à 200 °C. Beurrez généreusement un moule à manqué de 22 à 24 cm de diamètre et chemisez-le de sucre.

7 Laissez reposer la pâte quelques minutes, puis étalez-la de nouveau.

8 Repliez-la en quatre et étalez-la de nouveau en forme de long rectangle, puis recoupez ce rectangle en huit bandes.

9 Enroulez les bandes sur elles-mêmes, en escargot. Placez-les côte à côte dans le moule. Enfournez pour 30 min. Démoulez le gâteau encore chaud et servez-le tiède. En fin de cuisson, si la surface brunit trop, couvrez le gâteau d'aluminium.

FAR
aux pruneaux

Pour 6 personnes | Préparation : 10 min | Trempage : 1 h | Cuisson : 45 min

INGRÉDIENTS

200 g de pruneaux
50 cl de thé bouillant
10 cl de rhum
100 g de farine
120 g de sucre
4 œufs
50 cl de lait entier

1 Dénoyautez les pruneaux et mettez-les à tremper dans le thé bouillant avec la moitié du rhum pendant environ 1 h, jusqu'à ce qu'ils soient bien gonflés. Égouttez-les.

2 Tamisez la farine dans un saladier, ajoutez le sucre. Incorporez les œufs un à un en travaillant le mélange à la cuillère en bois jusqu'à obtention d'une pâte bien lisse et homogène. Versez progressivement le lait et le reste de rhum en remuant soigneusement.

3 Préchauffez le four à 190 °C. Beurrez largement un plat à gratin et farinez-le. Versez-y la pâte et disposez les pruneaux dessus. Enfournez pour 45 min ; couvrez le far avec une feuille d'aluminium en fin de cuisson si sa surface se colore trop. Servez dans le plat.

À NOTER

Le far aux pruneaux, originaire de la région de Quiberon, est le plus répandu, mais on prépare aussi des fars aux raisins secs ou aux poires.

CRÊPES

Pour 15 crêpes de 22 cm de diamètre	Préparation : 10 min	Repos : 2 h	Cuisson : 2 ou 3 min par crêpe

INGRÉDIENTS

250 g de farine
50 cl de lait
25 g de beurre
3 œufs
Sucre et jus de citron ou confiture au choix pour servir

1 Préparez la pâte à crêpes. Mettez la farine dans un saladier et creusez un puits au centre. Versez-y la moitié du lait et mélangez en ramenant peu à peu la farine des bords vers le centre.

2 Faites fondre le beurre à feu doux dans une petite casserole. Cassez les œufs dans un autre saladier et battez-les en omelette. Versez-les petit à petit sur la farine en remuant pour les incorporer, puis ajoutez le beurre fondu et 1 pincée de sel. Continuez à remuer jusqu'à ce que le mélange soit parfaitement homogène. Versez progressivement le reste du lait sans cesser de remuer pour éviter la formation de grumeaux. La pâte doit être fluide mais pas liquide. Couvrez-la et laissez reposer pendant 2 h.

3 Chauffez une poêle antiadhésive légèrement graissée. Versez une petite louche de pâte dedans. Inclinez la poêle dans tous les sens pour bien répartir la pâte. Remettez sur le feu. Quand la pâte est mate, décollez les bords avec une spatule et retournez la crêpe. Faites cuire l'autre face pendant 1 min environ : la crêpe doit devenir blonde. Recommencez jusqu' à épuisement de la pâte.

ASTUCE

La finesse des crêpes dépend du temps de repos de la pâte et de sa consistance. Trempez une louche dans la pâte, retournez-la et passez-y le doigt : si la pâte n'est pas trop liquide, il doit rester une trace bien nette. Une pâte trop épaisse peut être délayée avec un peu d'eau ou de lait juste avant la cuisson.

AH... LES PETITS BONBONS

de nos régions !

LA STAR DE MONTÉLIMAR

Il vous collera longtemps aux dents, certes, mais quelle douceur que ce nougat de Montélimar ! Fabriqué à base de miel et d'amandes, il est l'une des spécialités les plus emblématiques de la Provence, si bien qu'il a même l'honneur de se trouver dans la liste des traditionnels 13 desserts servis le soir de Noël. On en retrouve également des variantes dans plusieurs pays du bassin méditerranéen avec le turron en Espagne, le torrone en Italie ou encore le mandolato en Grèce.

L'« AIXCELLENT » CALISSON

Si vous êtes de passage dans les Bouches-du-Rhône, laissez-vous tenter par le calisson d'Aix. Cette petite friandise en forme de losange, à base d'amandes, de melon et d'orange confits, est LA spécialité de la jolie ville d'Aix-en-Provence. Elle aurait été inventée au XVe siècle par le pâtissier du Roy René, grande figure monacale de la région, à l'occasion de son mariage avec Jeanne de Laval. Chaque premier dimanche de septembre, la ville célèbre même la bénédiction du calisson lors d'une fête comprenant défilés en tenue traditionnelle, danses provençales et distribution de petites douceurs aux gourmands aixois !

PETITE BÊTISE POUR GRAND PLAISIR !

Connaissez-vous l'origine de la bêtise de Cambrai ? Ce bonbon blanc en forme de coussin strié de sucre coloré serait né de la maladresse d'un confiseur ayant accidentellement versé de la menthe dans la préparation de ses bonbons – d'où son nom. Il les aurait alors vendu sans n'en piper mot à ses clients pour ne pas gâcher sa production, et les charmant par la même occasion de cette nouvelle friandise originale ! La bêtise est aujourd'hui déclinée dans une multitude de saveurs, de la pomme au citron, en passant par la framboise ou la violette.

LA VIOLETTE DE LA VILLE ROSE

Difficile de faire plus poétique que la violette de Toulouse, ce petit bonbon fabriqué à base de pétales de fleurs fraîches. Les violettes, cultivées dans la région, sont cueillies à maturité autour du mois de mars, puis leurs pétales sont cristallisés dans du sucre. La production se fait uniquement à la main, car le process de fabrication demande une grande délicatesse de geste, les fleurs étant très fragiles. Attention à ne pas les confondre avec les bonbons à la violette de Toulouse, élaborés comme des bonbons classiques.

LA PASTILLE DE NOS GRANDS-MÈRES

La pastille de Vichy a été créée en 1825 dans la ville thermale du même nom, située au nord de la région Auvergne-Rhône-Alpes. Fabriquée à base de sucre et de sels minéraux issus de l'eau thermale vichyssoise, elle est réputée pour améliorer la digestion et donner l'haleine fraîche, grâce à sa légère saveur mentholée. Véritable institution dans la ville, elle est toutefois souvent associée à un bonbon un petit peu ringard… et pourtant elle reste une petite douceur qui vaut le détour !

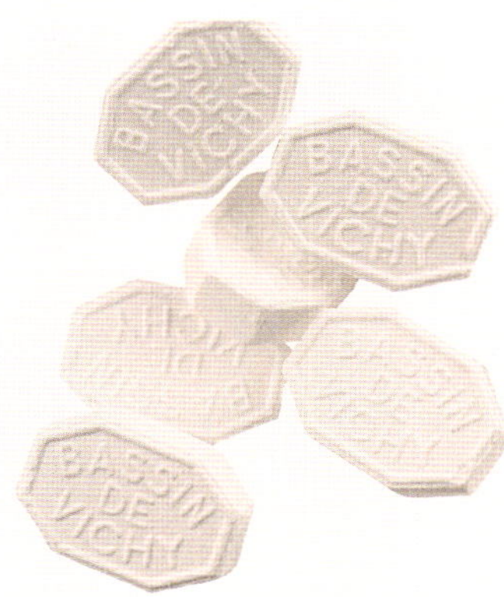

LES PETITS BERLINGOTS RIGOLOS

Le berlingot de Carpentras se présente sous la forme d'une petite pyramide colorée, striée de lignes de sucre blanc, et est fabriquée à base de sirop de fruits confits. Tout comme les pastilles de Vichy, il était à la base un produit médicinal vendu par les apothicaires de la région d'Avignon. Mais rassurez-vous, plus besoin d'ordonnance aujourd'hui pour vous procurer ces petites friandises addictives !

CARAMEL
au beurre-salé

Pour 280 g environ | **Préparation : 5 min** | **Cuisson : 15 à 20 min**

INGRÉDIENTS

150 g de sucre
Le jus de ½ citron filtré
10 cl de crème liquide
25 g de beurre demi-sel
(ou salé) bien froid en morceaux

1 Dans une casserole à fond épais, faites fondre le sucre avec le jus du citron. Faites cuire ce mélange à feu doux, pour éviter la formation de « paquets ». N'ajoutez pas d'eau et, surtout, ne remuez pas. À l'aide d'un pinceau imbibé d'eau, nettoyez régulièrement la paroi de la casserole pour éliminer les projections.

2 Pendant ce temps, faites chauffer doucement la crème dans une petite casserole à fond épais.

3 Lorsque le caramel est blond, arrêtez la cuisson. Versez dessus la crème chaude, en filet, tout en remuant. Une fois la crème incorporée, ajoutez les morceaux de beurre et mélangez à la spatule en bois, jusqu'à obtenir une préparation bien homogène.

ASTUCE

Laissé à température ambiante, ce caramel reste mou. Vous pouvez l'étaler sur une pâte de type pâte brisée, comme sous-couche d'une ganache au chocolat, d'une tarte au citron, à l'orange, aux poires ou aux pommes, à l'ananas... Il se conservera 3 jours au réfrigérateur (attention, il y durcira).

FAÇADE atlantique

SALADE DE MORUE

aux pommes de terre

Pour 6 personnes | Préparation : 30 min | Dessalage : 24 h | Cuisson : 30 min

INGRÉDIENTS

1 kg de morue salée
500 g de pommes de terre fermes
3 œufs
6 c. à soupe d'huile d'olive
2 c. à soupe de vinaigre de xérès
1 bouquet de persil haché

1 La veille, coupez la morue en gros morceaux. Faites-la dessaler 24 h dans une bassine d'eau froide en changeant l'eau plusieurs fois.

2 Le jour même, faites cuire les pommes de terre dans leur peau à l'eau bouillante. Égouttez, laissez refroidir et pelez-les. Faites cuire les œufs pour qu'ils soient durs, puis écalez-les.

3 Déposez la morue dans une marmite, recouvrez-la largement d'eau froide. Faites chauffer à feu très doux et, au premier frissonnement, éteignez et couvrez. Laissez le poisson encore 5 min dans son bouillon.

4 Égouttez la morue et effeuillez-la après l'avoir débarrassée de sa peau et de ses arêtes.

5 Préparez une vinaigrette avec l'huile et le vinaigre de xérès (poivrez mais ne salez pas). Mélangez la morue avec les pommes de terre détaillées en rondelles. Disposez ce mélange au centre du plat de service. Décorez avec les œufs durs coupés en quartiers. Assaisonnez avec la vinaigrette et saupoudrez de persil haché.

MOUCLADE

Pour 4 personnes | **Préparation : 40 min** | **Cuisson : 20 min**

INGRÉDIENTS

4 l de moules de bouchot
2 verres de vin blanc sec
50 g d'échalotes hachées
2 gousses d'ail hachées
1 bouquet garni
30 cl de crème épaisse
1 dose de safran
1 c. à soupe rase de curry
1 pointe de piment de Cayenne
2 jaunes d'œufs
1 c. à soupe de persil haché

1 Grattez soigneusement les moules et lavez-les. Faites-les ouvrir à feu vif dans un grand faitout, avec le vin blanc, les échalotes, l'ail et le bouquet garni.

2 Versez-les dans une passoire en réservant l'eau de cuisson. Ôtez la coquille supérieure des moules et rangez-les dans un plat creux une par une. Tenez-les au chaud le temps de préparer la sauce.

3 Filtrez le jus de cuisson dans une casserole, puis ajoutez la crème et le safran. Laissez réduire à feu doux, avant d'y mettre le curry et le piment de Cayenne. Retirez du feu et incorporez les jaunes d'œufs en fouettant.

4 Versez la préparation sur les moules, parsemez de persil haché et servez aussitôt.

POULET FERMIER DE CHALLANS
aux salicornes des marais

Pour 6 personnes | Préparation : 30 min | Cuisson : 1 h

INGRÉDIENTS

1 poulet fermier de Challans (de 2 kg environ)
2 c. à soupe de farine
50 g de beurre
3 c. à soupe d'huile
3 c. à soupe de très bon vinaigre vieux de Bordeaux (ou de xérès)
50 cl de bouillon de volaille
300 g de salicornes fraîches égouttées
25 cl de crème fraîche

1 Découpez le poulet en 8 ou 10 morceaux. Saupoudrez-les légèrement de farine. Chauffez le beurre et l'huile dans une sauteuse et faites dorer doucement les morceaux de tous les côtés. Au fur et à mesure, mettez-les dans une cocotte où ils finiront de cuire.

2 Jetez le gras de la sauteuse et déglacez avec le vinaigre pour dissoudre les sucs. Ajoutez le bouillon de volaille, portez à ébullition et versez le tout dans la cocotte. Salez très légèrement et poivrez (les salicornes sont généralement très salées).

3 Couvrez et faites cuire à feu très doux pendant 35 min en remuant de temps en temps.

4 Pendant ce temps, faites cuire les salicornes comme des haricots verts pendant 15 min environ, sans saler l'eau de cuisson. Goûtez avant de les égoutter : elles doivent rester un peu croquantes. Ajoutez la crème fraîche et les salicornes dans la cocotte. Portez à ébullition, puis servez dans un plat creux préalablement chauffé.

À NOTER

Les salicornes sont des plantes très répandues dans les marais côtiers. Seule leur sommité charnue et turgescente, d'un joli vert intense, est consommable. Après la cueillette, les salicornes sont préparées comme des cornichons et sont utilisées comme condiments.

PIGEONNEAUX
aux herbillettes

Pour 4 personnes | **Préparation : 30 min** | **Cuisson : 40 min**

INGRÉDIENTS

4 pigeonneaux
250 g de champignons de Paris
200 g de jambon de pays
½ bouquet de ciboulette haché
½ bouquet de persil haché
½ bouquet de cerfeuil haché
2 gousses d'ail hachées
1 brin de thym
1 brin de romarin
100 g de beurre
1 jaune d'œuf
5 à 6 échalotes hachées
15 cl de vin blanc sec
15 cl de bouillon de volaille
1 c. à soupe d'huile

1 Réservez les foies et les gésiers des pigeonneaux. Avec un hachoir ou un gros couteau, cassez le dos des oiseaux et aplatissez-les bien.

2 Nettoyez, lavez, séchez les champignons et coupez-les en dés.

3 Enlevez la couenne du jambon. Hachez-le ainsi que les foies et les gésiers des pigeons et mélangez le tout. Ajoutez les herbes, l'ail, le thym et le romarin émiettés, 50 g de beurre et le jaune d'œuf, puis mélangez bien. Goûtez le hachis et salez en conséquence, poivrez.

4 Dans une sauteuse, faites fondre le reste de beurre. Mettez les échalotes et faites-les revenir pendant 2 ou 3 min. Ajoutez les dés de champignons, mélangez et faites cuire à feu vif pendant 5 min en les tournant plusieurs fois. Salez et poivrez.

5 Versez le vin blanc et le bouillon de volaille, faites bouillir le tout pendant 3 min environ. Ajoutez alors le hachis, mélangez, couvrez la sauteuse et faites cuire à feu moyen pendant une vingtaine de minutes.

6 Dans une cocotte, mettez l'huile à chauffer. Faites dorer les pigeonneaux de chaque côté, couvrez et faites-les cuire 10 min par côté (seulement 6 à 8 min si vous les préférez bien rosés).

7 Égouttez les pigeonneaux et placez-les dans un plat de service chaud. Recouvrez-les de la préparation aux herbillettes. Servez bien chaud.

ASTUCE

La préparation de la sauce aux herbillettes doit être assez courte. Si elle est trop liquide, ôtez le couvercle, en fin de cuisson, de façon à la faire réduire.

JARRET DE VEAU DE CHALAIS
au pineau des Charentes

Pour 6 personnes | **Préparation : 40 min** | **Cuisson : 1 h 30**

INGRÉDIENTS

1,5 kg de jarret de veau
Farine
3 gros poireaux
3 carottes
100 g de beurre
700 g de tomates
2 c. à soupe d'huile
20 cl de pineau des Charentes
1 gousse d'ail pelée
1 bouquet garni

1 Demandez à votre boucher de découper le jarret en rouelles de 3 cm d'épaisseur.

2 Farinez les morceaux de viande, puis secouez-les pour faire tomber l'excès de farine. Épluchez les poireaux pour ne conserver que les blancs et le vert tendre, émincez-les. Pelez et coupez les carottes en rondelles.

3 Dans une cocotte, faites fondre doucement les poireaux et les carottes avec 70 g de beurre, sans les laisser colorer. Ajoutez les tomates épluchées et épépinées et grossièrement concassées. Laissez-les fondre.

4 Pendant ce temps, faites dorer les rouelles de veau à la poêle dans 30 g de beurre et l'huile. Salez et poivrez. Mettez les rouelles dans la cocotte où elles finiront de cuire.

5 Versez le pineau dans la poêle et remuez à l'aide d'une cuillère en bois pour bien diluer les sucs. Portez à ébullition et versez ce jus dans la cocotte. Ajoutez l'ail et le bouquet garni. Assaisonnez si nécessaire. Couvrez et faites mijoter à petit feu pendant 1 h minimum.

DAUBE DE « BEU »

saintongeaise

Pour 6 personnes	Préparation : 30 min	Cuisson : 3 h 30 à 4 h

INGRÉDIENTS

1,5 kg de bœuf à braiser
(par exemple, 900 g de
macreuse, 600 g de jumeau)
1,8 kg de carottes
18 échalotes grises
200 g de lard de poitrine demi-sel
180 g de beurre
2 c. à soupe d'huile
50 cl de bon vin rouge corsé
10 cl de cognac
1 bouquet garni
1 pied de veau blanchi, fendu
en deux et désossé (os à part)

1 Coupez la viande en morceaux de 4 cm de côté. Pelez et coupez les carottes en rondelles et les échalotes en deux.

2 Détaillez le lard en lardons et faites-les blanchir pendant 5 min à l'eau bouillante (départ à l'eau froide). Égouttez.

3 Mettez 50 g de beurre et l'huile dans une cocotte et faites dorer les morceaux de viande de tous côtés. Retirez-les à l'écumoire et réservez.

4 Ajoutez 80 g de beurre et faites revenir doucement les carottes. Retirez-les et remettez le reste du beurre pour faire dorer les lardons et les échalotes.

5 Par ailleurs, faites chauffer le vin, dans une casserole. Dès qu'il est chaud, ajoutez le cognac. Faites flamber pendant quelques minutes.

6 Quand les échalotes sont bien dorées, remettez les carottes et la viande dans la cocotte. Salez, poivrez, ajoutez le bouquet garni, la chair du pied de veau coupée en petits dés et les os enfermés dans un nouet.

7 Mouillez avec le vin, qui doit arriver juste à hauteur. Complétez éventuellement avec de l'eau. Couvrez et laissez mijoter au moins 3 h à feu très doux. Si votre cocotte peut aller au four, il est préférable de luter le couvercle hermétiquement avec un mélange de farine et d'eau et d'enfourner pour 4 h à 120 °C.

8 Avant de servir, enlevez le bouquet garni et le nouet contenant les os du pied de veau.

ASTUCE

Ce plat est encore plus savoureux réchauffé ; n'hésitez pas à le préparer la veille.

ENTRECÔTES GRILLÉES *bordelaises*

Pour 4 personnes | Préparation : 30 min | Cuisson : 8 min

INGRÉDIENTS

2 belles entrecôtes de 400 g chacune
7 ou 8 échalotes grises hachées grossièrement
4 ou 5 brins de persil plat ciselés

1 Sortez les entrecôtes du réfrigérateur 1 h environ avant de les cuire. Préparez un bon feu de sarments de vigne, que vous vous procurerez chez un vigneron, 20 à 30 min à l'avance (c'est le temps nécessaire pour obtenir un bon lit de braises).

2 Posez une grille au-dessus du lit de braises. Placez les entrecôtes sur la grille, juste au-dessus des braises et faites-les cuire 2 min sur chaque face. Salez et poivrez.

3 Décalez la viande vers le côté de la grille pour assurer une cuisson plus douce. Faites cuire les entrecôtes pendant 2 min, retournez-les, parsemez-les d'échalotes et de persil hachés et laissez cuire encore 2 min.

4 Dressez les entrecôtes sur le plat de service. Laissez-les reposer 4 ou 5 min avant de les trancher. Servez avec des frites ou des pommes sautées.

GIGOT D'AGNEAU
de Pavillac

Pour 6 personnes | Préparation : 15 min | Cuisson : 30 à 35 min | Repos : 10 à 20 min

INGRÉDIENTS

1 gigot d'agneau de lait
(de 1,5 kg environ)
Les parures et l'os
du quasi concassé
½ tête d'ail
1 bouquet garni

POUR LA PERSILLADE
100 g de mie de pain
2 c. à soupe de persil plat ciselé
2 gousses d'ail hachées

1 Préchauffez le four à 220 °C. Disposez le gigot dans un plat à feu avec les parures, l'os du quasi concassé, l'ail et le bouquet garni. Salez et poivrez. Enfournez pour 25 à 30 min. Retournez le gigot plusieurs fois pour qu'il dore uniformément et arrosez-le régulièrement.

2 Pendant ce temps, mouillez la mie de pain, pressez-la bien. Mélangez le persil et l'ail intimement à la mie de pain, salez et poivrez. Réservez au frais.

3 En fin de cuisson, sortez le gigot du four. Enveloppez-le dans une feuille d'aluminium et laissez-le reposer pendant 10 à 20 min.

4 Mettez sur feu le plat à rôtir avec les parures et la demi-tête d'ail. Déglacez avec 30 cl d'eau en diluant les sucs. Baissez le feu et faites réduire de moitié. Passez ensuite au chinois et rectifiez l'assaisonnement. Versez la sauce dans une saucière et réservez au chaud.

5 Allumez le gril du four. Étalez à la main le hachis de mie de pain et de persil sur la surface du gigot. Mettez sous le gril et faites colorer jusqu'à ce que la persillade forme une belle croûte dorée.

6 Servez ce gigot très parfumé avec des pommes de terre sautées ou des haricots verts.

MAQUEREAUX du boucholeur

Pour 6 personnes | Préparation : 30 min | Cuisson : 20 min

INGRÉDIENTS

3 l de moules de bouchot
6 maquereaux (de 300 g chacun)
3 c. à soupe d'herbes ciselées en mélange (persil, ciboulette, cerfeuil)
2 gousses d'ail finement hachées
100 g de chapelure blanche (mie de pain rassis émiettée)
3 c. à soupe d'huile
2 c. à soupe de vinaigre

1 Grattez et lavez les moules. Faites-les ouvrir à feu vif dans un faitout couvert. Passez l'eau rendue dans une petite casserole, retirez les coquilles et réservez la chair.

2 Videz, lavez et essuyez les maquereaux. Salez et poivrez. Faites-les griller pendant 8 à 10 min selon leur épaisseur, en les retournant délicatement à mi-cuisson.

3 Pendant ce temps, portez l'eau de cuisson des moules à ébullition à feu doux avec les herbes et les gousses d'ail hachées. Ajoutez la chapelure, puis la chair des moules, juste le temps de les réchauffer.

4 Disposez les maquereaux dans un plat creux bien chaud, versez dessus le contenu de la casserole, puis arrosez d'huile et de vinaigre. Servez aussitôt.

ASTUCE

La cuisson au gril est certainement celle qui convient le mieux à la chair un peu grasse du maquereau. Ne choisissez pas les plus petits poissons, mais des maquereaux de ligne de taille moyenne (250 à 300 g chacun). Réservez les « lisettes », qui pèsent entre 50 g et 100 g, à une préparation au vin blanc.

OMELETTE
à l'aillet

Pour 2 personnes | Préparation : 10 min | Cuisson : 20 min

INGRÉDIENTS

6 ou 7 tiges d'aillet
2 c. à soupe d'huile d'olive
6 œufs
1 petit bouquet
de persil plat haché

1 Les aillets ressemblent à de jeunes poireaux. Ils ne s'épluchent pas, ou très peu : il suffit d'enlever la première peau. Coupez ensuite les tiges d'aillets en petites rondelles.

2 Chauffez l'huile d'olive dans une poêle et mettez les aillets à fondre sans les laisser dorer.

3 Battez légèrement les œufs pour briser les blancs, salez et poivrez. Ajoutez le persil.

4 Lorsque les aillets sont transparents, augmentez un peu le feu et versez les œufs. Faites cuire l'omelette à feu moyen, en ramenant ses bords vers le milieu au fur et à mesure qu'ils prennent. Secouez la poêle pour empêcher l'omelette d'attacher. Si vous aimez l'omelette baveuse, arrêtez la cuisson dès qu'il n'y a plus de liquide.

5 Faites glisser l'omelette sur un plat sans la plier en deux, mais en ramenant un tiers sur le centre, puis en la roulant.

À NOTER

Signe de l'arrivée du printemps, l'aillet est une jeune pousse d'ail, de la forme d'un petit poireau, à la tige vert tendre. Dans la région de Bordeaux, il est de tradition, à Pâques et à la Pentecôte, d'incorporer l'aillet dans la préparation de l'omelette.

EMBEURRÉE de chou

Pour 4 à 6 personnes | Préparation : 10 min | Cuisson : 25 à 35 min

INGRÉDIENTS

1 petit chou vert
100 g de beurre demi-sel de préférence

1 Portez à ébullition une grande quantité d'eau salée. Éliminez les premières feuilles du chou. Détachez toutes les autres et coupez les plus grosses côtes. Lavez-les bien.

2 Jetez les feuilles dans l'eau bouillante. Laissez-les cuire, sans couvercle, pendant 20 à 30 min jusqu'à ce qu'elles soient très tendres.

3 Coupez le beurre en morceaux. Égouttez le chou dans une passoire, puis pressez-le pour éliminer le maximum d'eau. Mettez-le dans une casserole et, hors du feu, écrasez-le avec une fourchette en ajoutant du beurre. Poivrez, mais n'ajoutez de sel que si vous employez du beurre doux.

4 Reposez la casserole sur feu très doux, ajoutez le reste du beurre en mélangeant bien. Goûtez et rectifiez l'assaisonnement. Servez dans un plat bien chaud.

ASTUCE

L'embeurrée de chou se fait aussi bien avec un chou frisé qu'avec un chou pommé. On peut y ajouter un peu de ciboulette hachée.

CÈPES à la bordelaise

Pour 4 personnes | **Préparation : 30 min** | **Cuisson : 10 min**

INGRÉDIENTS

800 g de cèpes
½ bouquet de persil
2 échalotes hachées
10 cl d'huile d'olive + 1 filet
Le jus de ½ citron
50 g de mie de pain

1 Nettoyez les cèpes. Coupez-les en tranches s'ils sont très gros, coupez-les en deux dans le sens de la hauteur s'ils sont moyens, ou laissez-les entiers s'ils sont petits.

2 Hachez le persil de façon à obtenir 2 c. à soupe de hachis. Mélangez 1 cuillerée avec les échalotes et réservez le reste.

3 Faites chauffer 10 cl d'huile d'olive dans une sauteuse et mettez-y les cèpes. Ajoutez le jus du citron, salez et poivrez, puis faites cuire à couvert pendant 5 min, en remuant de temps en temps. Égouttez les cèpes sur du papier absorbant.

4 Faites chauffer le reste d'huile d'olive dans une poêle. Mettez-y les cèpes, salez, poivrez, et faites-les rissoler vivement pendant 2 ou 3 min avec les échalotes. Ajoutez la mie de pain émiettée.

5 Égouttez, parsemez du persil haché restant, mélangez et servez très chaud.

ASTUCE

Les cèpes ne doivent jamais être lavés, car ils sont poreux. Essuyez-les soigneusement un par un, puis coupez le pied terreux. Si le bord des chapeaux est flétri et brun, ou si le dessous du chapeau est vert, enlevez ces parties. Choisissez de préférence des cèpes jeunes, donc petits.

UN PETIT TOUR

en forêt...

... POUR CUEILLIR LES CHAMPIGNONS

Avez-vous déjà réussi à faire révéler à Papi la localisation de son coin à champignons ? C'est une mission presque impossible, même pour les plus persuasifs. Et pourquoi ne pas aller trouver directement le vôtre en vous baladant, par exemple, dans le Limousin ? En effet, cette région offre les conditions climatiques idéales au développement des champignons, grâce à ses 550 000 hectares de forêt aux essences variées (chênes, châtaigniers, épicéas) et la douceur de son climat. Vous y trouverez un grand nombre d'espèces différentes se succédant selon les saisons, de la truffe à la morille en passant par la girolle, le cèpe ou le pied-de-mouton. Veillez toutefois à ne pas vous faire damer le pion par les cueilleurs professionnels, nombreux dans la région, qui partent à la chasse aux champignons tôt le matin, pour les expédier quotidiennement dans l'Europe entière. Et attention surtout aux faux amis, ces champignons toxiques qui ressemblent beaucoup à ceux comestibles !

... À LA DÉCOUVERTE DE LA CHÂTAIGNE CORSE

Produit typique de Corse, la châtaigne a su s'y faire une place de choix, puisqu'on la retrouve dans les « arbres à pain » de l'Île de Beauté depuis plus de 10 000 ans ! Si l'on a tendance à ne l'imaginer que grillée et servie en cornet au coin d'une rue pendant la période hivernale, il faut savoir qu'il existe des dizaines de manières de la préparer – 28, dit-on en Corse. Broyée en farine, elle se retrouve dans nombre de recettes de flans, beignets, gâteaux et pains, mais on la prépare aussi sous forme de confiture, de liqueur et même de bière ! Loin de ne faire que le bonheur de nos papilles humaines, elle est également un met de choix pour les sangliers du maquis, donnant par la même occasion une saveur particulière à leur chair. *Deliziosu !*

… POUR CHASSER LE GIBIER

Si pendant longtemps la chasse a été le privilège de la noblesse et du clergé, elle s'est popularisée au fil des siècles, jusqu'à devenir aujourd'hui une activité accessible à tous. En France, il existe en tout 89 espèces chassables, encadrées par la législation. La forêt ardennaise et la Grande Sologne sont deux territoires particulièrement réputés pour leur abondance en gibier de toute nature : lièvre, faisan, grive, perdreau, cerf, chevreuil et, bien sûr, le fameux sanglier. Certains types de chasse traditionnels comme la chasse à courre sont même toujours pratiqués en Sologne, où chevreuils et sangliers sont chassés au chien courant. Au-delà d'un simple loisir, la chasse est également un moyen de réguler certaines espèces comme le cerf, qui a vu sa population quadrupler en l'espace de vingt ans.

… SUR LA TRACE DES FRUITS ROUGES

L'un des grands plaisirs de l'été : la chasse aux fruits rouges dans les sous-bois ! Vous les trouverez dans la plupart des forêts françaises, de juillet à septembre. Que vous soyez seul, en famille ou entre amis, la cueillette sauvage sera l'occasion de profiter de la nature tout en vous régalant de ces baies riches en antioxydants et en vitamines ! Confitures, tartes, compotes… pourquoi ne pas également les cuisiner en rentrant de votre balade, pour prolonger ces instants de convivialité et de gourmandise ? Attention toutefois à respecter la limite de cueillette plafonnée à 5 kg de fruits par personne dans les forêts publiques, et à penser à bien nettoyer vos fruits avant de les consommer ! Enfin, pour respecter la plante et lui assurer une bonne repousse, prenez soin de ramasser les fruits par grappes en sectionnant directement les tiges.

… À LA RECHERCHE DE L'AIL DES OURS

Vous trouverez cette délicieuse herbe sauvage en montagne, dans les sous-bois et les forêts de chênes ou de hêtres, notamment dans le Sud-Est et dans la région Grand-Est. Si elle pousse en grandes quantités, sa période de cueillette est toutefois assez courte, s'étalant de février à avril. Très prisée, il ne faudra donc pas hiberner trop longtemps si vous souhaitez pouvoir vous en régaler ! Son goût caractéristique légèrement aillé et poivré se marie délicieusement avec une salade de jeunes pousses ou mixé en pesto avec quelques amandes et du parmesan.

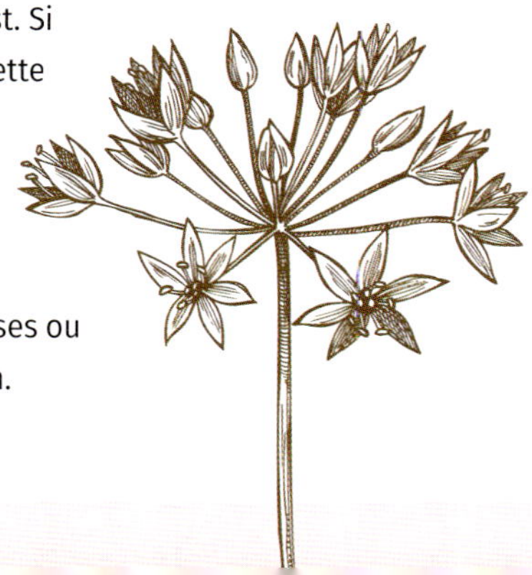

FLAN
maraîchin

Pour 8 personnes | **Préparation : 40 min** | **Repos : 1 h** | **Cuisson : 50 min**

INGRÉDIENTS

POUR LA PÂTE
400 g de farine
2 œufs
150 g de beurre ramolli

POUR LA GARNITURE
1 gousse de vanille
1 l de lait
1 bâton de cannelle
250 g de sucre
9 œufs
15 cl de crème fraîche épaisse

1 Préparez la pâte. Tamisez la farine sur le plan de travail. Faites un puits au centre et mettez-y 1 pincée de sel, les œufs et le beurre coupé en petits morceaux. Ajoutez 12 cl d'eau et mélangez le tout du bout des doigts. Roulez la pâte en boule et laissez-la reposer 1 h.

2 Préchauffez le four à 180 °C. Étalez la pâte sur 3 mm d'épaisseur et foncez un moule à flan. Piquez le fond de la croûte à la fourchette. Recouvrez-le avec du papier sulfurisé et garnissez de haricots secs. Faites précuire pendant 15 min.

3 Fendez la gousse de vanille en deux et récupérez les graines avec la pointe d'un couteau. Portez à ébullition le lait avec le bâton de cannelle, le sucre et les graines de vanille. Laissez infuser environ 10 min.

4 Pendant ce temps, battez les œufs avec la crème fraîche. Hors du feu, incorporez ce mélange au lait bouilli. Retirez le bâton de cannelle et passez au chinois.

5 Versez cette préparation sur la pâte précuite. Enfournez à nouveau pour 35 min. Laissez refroidir le flan et démoulez avant de servir.

À NOTER

Le flan maraîchin, ou « fion », fait la fierté du petit village du Poiré-sur-Vie.

TARTE AUX PRUNEAUX
de l'Île d'Yeu

Pour 4 à 5 personnes | Préparation : 1 h | Trempage : 12 h | Repos : 30 min | Cuisson : 1 h 30

INGRÉDIENTS

250 g de gros pruneaux
2 pincées de cannelle
20 cl de vin rouge
200 g de sucre
3 c. à soupe de rhum

POUR LA PÂTE

250 g de farine
30 g de saindoux
125 g de beurre demi-sel
1 œuf
2 c. à soupe de lait

1 La veille, faites tremper les pruneaux avec la cannelle dans 30 cl d'eau additionnée du vin.

2 Le jour même, faites cuire les pruneaux environ 1 h dans ce mélange. Dénoyautez-les, ajoutez le sucre et le rhum. Mélangez et moulinez.

3 Préchauffez le four à 200 °C. Faites une détrempe avec la farine, le saindoux, 1 pincée de sel et 10 cl d'eau. Laissez reposer 30 min et étalez la pâte. Repliez en trois en passant du beurre sur chaque pli.

4 Tournez la pâte d'un quart de tour. Continuez à plier en trois en incorporant du beurre. Étalez la pâte et foncez-en une tourtière en laissant un large bord. Repliez ce bord en le roulant sur lui-même et en passant à chaque fois sur le repli précédent.

5 Posez une assiette pouvant aller au four sur le fond de tarte. Enfournez pour 7 à 10 min.

6 Baissez la température du four à 180 °C. Retirez la tarte du four.

7 Garnissez le fond de tarte avec la confiture de pruneaux. Avec les restes de pâte, fabriquez 4 bandes de 1 cm de large à l'aide d'une roulette zigzag. Dorez-les à l'œuf battu dans le lait. Posez sur la tarte deux bandes en « V ». Soudez dans le repli de la pâte. Posez symétriquement deux autres bandes en « V » de manière que les bandes de « V » se croisent. Enfournez pour 20 min.

CANNELÉS

Pour 1 douzaine de cannelés | Préparation : 25 min | Cuisson : 50 min

INGRÉDIENTS

1 gousse de vanille
50 cl de lait
2 œufs
2 jaunes d'œufs
250 g de sucre glace
50 g de beurre
1 c. à soupe d'eau de fleur d'oranger
100 g de farine

1 Fendez la gousse de vanille en deux et récupérez les graines. Mettez le lait dans une casserole avec la gousse de vanille et ses graines. Portez à ébullition, éteignez le feu et laissez infuser 15 min à couvert.

2 Préchauffez le four à 200 °C. Fouettez les œufs entiers et les jaunes avec le sucre glace, jusqu'à ce que le mélange blanchisse. Ajoutez alors le beurre juste fondu et l'eau de fleur d'oranger. Incorporez la farine et enfin délayez avec le lait vanillé.

3 Beurrez largement des petits moules à darioles, de préférence cannelés. Remplissez-les aux trois quarts. Enfournez pour 45 min environ.

4 Démoulez les cannelés dès la sortie du four et servez froid ; c'est le jour même qu'ils sont les meilleurs.

PAYS DE LA LOIRE

et Centre

FEUILLETÉS
au sainte-maure

Pour 6 personnes | Préparation : 30 min | Cuisson : 10 min

INGRÉDIENTS

1 sainte-maure de Touraine
20 cl de crème fraîche
400 g de pâte feuilletée étalée
1 œuf
1 c. à soupe de lait
1 noix de beurre

1 Dans un saladier, écrasez le sainte-maure à la fourchette. Incorporez la crème fraîche jusqu'à l'obtention d'un mélange lisse et homogène. Salez et poivrez.

2 Découpez la pâte feuilletée à l'aide d'un emporte-pièce de 8 cm de diamètre. Préchauffez le four à 220 °C.

3 Déposez 1 c. à soupe de garniture au centre de la moitié des disques de pâte. Mouillez les bords à l'eau. Recouvrez avec les cercles de pâte restants. Dorez à l'œuf battu avec le lait.

4 Beurrez une plaque à four sur laquelle vous disposerez les feuilletés. Enfournez-les pour 10 min environ. Servez aussitôt.

POTAGE
d'asperges

Pour 6 personnes | Préparation : 30 min | Cuisson : 40 min

INGRÉDIENTS

1 kg d'asperges vertes
50 g de beurre
50 g de farine
50 cl de lait
2 jaunes d'œufs
3 c. à soupe de crème fraîche
1 petit bouquet de cerfeuil haché

1 Pelez les asperges et supprimez les parties de tiges les plus dures et les plus filandreuses. Lavez-les, puis faites-les cuire 20 min environ à l'eau bouillante salée. Égouttez-les et réservez l'eau de cuisson.

2 Coupez les pointes des asperges et réservez-les pour la décoration.

3 Dans une casserole à fond épais, faites fondre le beurre et ajoutez la farine. Laissez blondir, en remuant à la cuillère en bois. Mouillez avec 1 l d'eau de cuisson et le lait. Salez et poivrez. Ajoutez les asperges, excepté les pointes réservées. Laissez mijoter pendant 10 min.

4 Passez le potage à la moulinette et faites-le chauffer. Pendant ce temps, délayez les jaunes d'œufs dans la crème, puis versez le tout dans le potage. Ajoutez les pointes d'asperges. Rectifiez l'assaisonnement et parsemez de cerfeuil haché. Réchauffez à feu très doux, sans faire bouillir et servez immédiatement.

ASTUCE

Utilisez de préférence des asperges vertes : elles sont, en principe, moins chères que les blanches, et donneront une jolie couleur à votre potage.

GOUGÈRES

Pour 40 choux | **Préparation : 30 min** | **Cuisson : 30 à 35 min**

INGRÉDIENTS

15 cl de lait
170 g de beurre
240 g de farine
6 ou 7 œufs
150 g de fromage râpé (emmental ou comté)
1 œuf pour la dorure

1 Mettez le lait, 20 cl d'eau, le beurre et ½ c. à café de sel dans une casserole et portez doucement à ébullition. Ôtez du feu, ajoutez la farine en une seule fois tout en remuant énergiquement pour obtenir une pâte lisse et homogène. Remettez à feu doux pendant 2 ou 3 min, sans cesser de remuer avec une cuillère en bois, pour dessécher la pâte jusqu'à ce qu'elle se détache des parois de la casserole.

2 Retirez la casserole du feu et ajoutez les œufs, les uns après les autres, en veillant à ce que le précédent soit parfaitement incorporé avant de mettre le suivant. La pâte ne doit pas être trop molle : si elle commence à devenir humide, n'ajoutez pas le dernier œuf. Incorporez ensuite le fromage râpé et poivrez.

3 Préchauffez le four à 180 °C. Mettez la pâte dans une poche munie d'une grosse douille et dressez une quarantaine de choux sur 1 ou 2 plaque(s) recouverte(s) de papier sulfurisé. Avec un pinceau, dorez-les à l'œuf battu. Enfournez pour 25 à 30 min.

ESCARGOTS
à la bourguignonne

Pour 4 personnes | Préparation : 40 min | Cuisson : 10 min

INGRÉDIENTS

48 escargots en boîte (avec leurs coquilles à part)
15 g d'ail haché
25 g d'échalotes hachées
15 g de feuilles de persil plat hachées
400 g de beurre frais

1 Rincez les escargots et séchez-les sur du papier absorbant.

2 Incorporez l'ail, les échalotes et le persil au beurre, salez légèrement, poivrez, puis malaxez à la fourchette ou au pilon jusqu'à ce que le mélange soit parfaitement homogène.

3 Glissez une petite noisette de beurre dans chaque coquille en l'enfonçant bien au fond, puis mettez un escargot et finissez de remplir avec le beurre d'ail. Placez les escargots, au fur et à mesure, dans des petits plats individuels à alvéoles, en gardant l'ouverture vers le haut.

4 Allumez le gril du four. Quand il est bien chaud, glissez les petits poêlons dans le four et retirez-les au bout d'une dizaine de minutes, lorsque le beurre bouillonne. Servez immédiatement dans les plats de cuisson.

CLAQUEBITOU

Pour 4 personnes | Préparation : 10 min | Réfrigération : 2 h

INGRÉDIENTS

1 ou 2 gousses d'ail
500 g de fromage de chèvre frais en faisselle
1 c. à soupe de vinaigre de vin
4 échalotes très finement hachées
1 petit bouquet de ciboulette ciselé
1 petit bouquet de persil plat ciselé

1 Épluchez et écrasez l'ail.

2 Démoulez le fromage blanc dans un saladier, ajoutez le vinaigre et fouettez légèrement. Incorporez l'ail, les échalotes, les herbes et mélangez. Salez et poivrez.

3 Mettez au réfrigérateur 2 h minimum et servez le claquebitou accompagné d'un bol de crème fraîche et d'un bol de ciboulette hachée.

ASTUCE

Le claquebitou se sert en entrée ou avec le plateau de fromages.

PÉLARDON, CHABICHOU
& compagnie !

LE CHABICHOU TROP CHOU

En plus de gagner la palme du nom de fromage le plus mignon de l'hexagone, **le chabichou du Poitou** a gagné ses lettres de noblesse grâce à une AOC obtenue en 1990. Ce fromage de chèvre en forme de petit tronc de cône dit « bonde » est également très coquet : sa fine croûte blanche teintée de gris peut parfois se recouvrir de légères taches rouges et jaunes, et s'habille d'une étiquette typique formée d'un macaron et de petites bretelles. Son terroir est très précis, se limitant à une partie des départements de la Vienne, des Deux-Sèvres et de la Charente.

UN AMOUR DE ROCAMADOUR

Ce tout petit fromage au lait cru originaire de la ville éponyme est connu par les gastronomes depuis le xve siècle au moins ! Sa réputation lui a permis d'obtenir une AOC bien méritée en 1995. Frais, **le rocamadour** libère des saveurs de crème au léger parfum de chèvre, arômes qui se renforcent avec l'âge, lorsqu'il devient plus sec.

LE MIGNON PÉLARDON

Contrairement à ce que son nom pourrait faire croire, **le pélardon** n'est pas une spécialité charcutière mais bien un petit fromage de chèvre, originaire de la région des Cévennes. Il serait même l'un des fromages les plus anciens d'Europe ! Fabriqué dans le Languedoc, il est constitué de lait frais caillé moulé à la louche le jour même, puis affiné pendant une dizaine de jours. Ces étapes ancestrales de fabrication lui ont valu l'obtention d'une AOP en 2001. Apprécié pour son onctuosité et son goût caractéristique, il se déguste aussi bien froid que chaud, accompagné de miel ou de confiture, mais toujours avec une bonne tranche de pain !

LE BIEN FORT ROQUEFORT

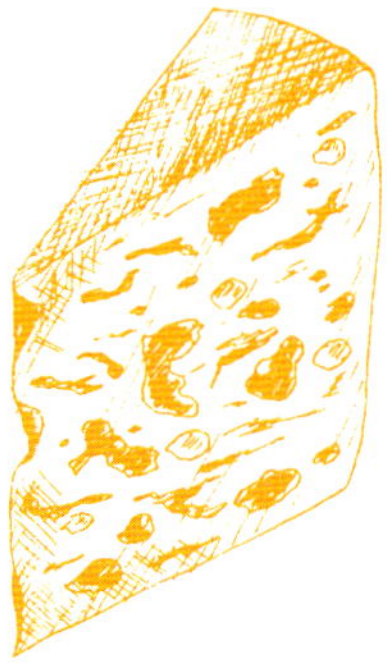

Internationalement connu, **le roquefort** est la plus vieille star des fromages français, puisqu'il fut le premier à recevoir une AOC il y a presque 100 ans ! Fabriqué à base de lait de brebis – contrairement à son cousin le bleu, issu du lait de vache – il se caractérise par sa forme cylindrique et sa pâte veinée de bleu. Cette couleur caractéristique est obtenue grâce à l'ensemencement du caillé par *Penicillium roqueforti*, une moisissure comestible, qui va se développer lors de l'affinage en caves creusées en éboulis calcaires de la région du Rouergue et des Causses.

SANS OUBLIER LE BROCCIU, *BON APPETTITU* !

Si on ne devait ne retenir qu'un fromage corse, ce serait sans doute **le brocciu**. Inscrit au registre des AOC, il est fabriqué à base de lactosérum de lait de brebis et de chèvre – les vaches laitières étant très rares en Corse. Il existe sous deux formes : moelleux et sans croûte lorsqu'il n'a pas été affiné, ou sec et salé (« brocciu pasu ») après 15 jours d'affinage. Accompagnez-le de confiture de châtaigne ou de miel corse pour une dégustation optimale, ou bien intégrez-le dans le fameux fiadone, sorte de cheesecake aromatisé au citron, typique de l'Île de Beauté (voir recette p. 300). Et pour être sûr de ne pas passer pour un *pinzutu* du continent, prenez garde à sa prononciation : « brotchiou ».

LE BERRY, VÉRITABLE PARADIS... DU FROMAGE DE CHÈVRE !

Voilà une région ultra-prolifique en termes de fromages de chèvre, dont les plus fameux bénéficient tous d'une AOC. Dans la région sancerroise, vous pourrez déguster un délicieux **crottin de Chavignol**, qui s'accordera parfaitement avec les nombreux vins de Sancerre, autre spécialité du coin. À l'ouest de l'Indre, c'est le **Pouligny-Saint-Pierre**, petite pyramide blanche, qui contentera vos papilles. Le **Selles-sur-Cher**, dont la particularité est d'être couvert de cendres, est typique d'un terroir à cheval entre le Berry, la Sologne et la Touraine, et enfin, **le Valençay** en forme de petite pyramide tronquée à la croûte bleutée, se retrouvera au nord de Châteauroux. Après la route des vins, à quand la route des fromages ?

ŒUFS
en meurette

Pour 4 personnes | Préparation : 1 h | Cuisson : 20 min

INGRÉDIENTS

200 g de lard maigre demi-sel sans couenne
100 g d'oignons ou d'échalotes finement hachés
60 g de beurre
1 bouquet garni
75 cl de bourgogne rouge
25 cl de bouillon de bœuf très concentré
8 petites tranches de pain fines
2 gousses d'ail
75 cl de vin rouge ou d'eau
5 cl de vinaigre de vin
8 œufs

1 Préparez la sauce meurette. Coupez le lard en petits dés. Mettez-le dans l'eau froide, portez à ébullition et faites cuire pendant 2 min. Égouttez et rafraîchissez.

2 Faites fondre doucement les oignons avec 40 g de beurre jusqu'à ce qu'ils soient transparents, ajoutez les lardons et le bouquet garni. Versez le bourgogne et flambez-le. Faites réduire de moitié, puis ajoutez le bouillon et de nouveau faites réduire de moitié. Incorporez en fouettant le reste de beurre fractionné en petits morceaux, rectifiez l'assaisonnement et maintenez au chaud.

3 Faites dorer les tranches de pain au gril et frottez-les fortement à l'ail. Posez-les deux par deux dans des assiettes chaudes.

4 Versez le vin, ou l'eau, et le vinaigre dans une sauteuse, salez et poivrez légèrement et portez à ébullition. Flambez si vous utilisez le vin, puis baissez le feu. Juste avant de servir, cassez les œufs dans cette cuisson et faites-les pocher pendant 3 min.

5 Retirez-les délicatement avec une écumoire dans l'ordre où vous les avez mis à cuire et égouttez-les sur un papier absorbant. Coupez les petits filaments blancs qui ont coulé tout autour et posez chaque œuf sur une tranche de pain. Nappez de sauce et servez aussitôt.

ASTUCE

La sauce meurette est encore meilleure réchauffée, n'hésitez donc pas à la préparer à l'avance.

FRICASSÉE de poulet

Pour 6 personnes | Préparation : 30 min | Cuisson : 50 min

INGRÉDIENTS

24 petits oignons grelots
350 g de petits champignons de Paris
1 citron
1 poulet (d'environ 2 kg) coupé en 12 morceaux
2 c. à soupe d'huile
100 g de beurre
30 cl de vin blanc d'Anjou
20 cl de crème fraîche

1 Pelez les oignons. Nettoyez les champignons, coupez-les en quatre et arrosez-les avec le jus du citron pour qu'ils ne noircissent pas.

2 Dans une cocotte, faites dorer les morceaux de poulet dans l'huile. Retirez-les. Jetez la matière grasse et faites blondir doucement les oignons avec 50 g de beurre. Remettez alors le poulet. Mouillez avec le vin blanc, salez et poivrez. Couvrez et laissez mijoter 40 min.

3 Pendant ce temps, faites cuire les champignons à feu doux dans une sauteuse sans couvercle avec 50 g de beurre. À mi-cuisson de la volaille, versez-les dans la cocotte.

4 Lorsque les morceaux de poulet sont cuits, retirez-les, dressez-les sur le plat de service. Conservez au chaud. Ajoutez la crème à la sauce et faites réduire de moitié. Versez sur le plat de service.

À NOTER

Si la fricassée de poulet est un plat traditionnel en Anjou, c'est du Mans voisin que proviennent les meilleures volailles pour le préparer : les poulets de Loué.

ANDOUILLETTES

au vouvray

Pour 6 personnes | Préparation : 10 min | Cuisson : 20 min

INGRÉDIENTS

6 andouillettes de Vouvray
6 échalotes finement hachées
50 g de beurre
20 cl de vouvray sec
10 cl de crème fraîche

1 Préchauffez le four à 200 °C. Piquez les andouillettes avant de les mettre au four.

2 Dès qu'elles commencent à dorer, disposez les échalotes autour. Parsemez de noisettes de beurre.

3 Lorsque les andouillettes sont cuites, retirez-les et tenez-les au chaud.

4 Déglacez le plat avec le vouvray et faites réduire de moitié. Délayez la crème fraîche dans la sauce et nappez les andouillettes. Servez très chaud avec des frites ou des pommes de terre cuites au four.

À NOTER

En Touraine, une andouillette qui se respecte est « à la corde « et cuite dans un bouillon aromatisé au vouvray. Ainsi fabriquée dans les règles de l'art, elle est certifiée « 5 » par l'Association amicale des amateurs d'andouillette authentique. Mais, artisanale ou industrielle, l'andouillette grillée sur la braise figure en bonne place dans toutes les fêtes populaires et autres ripailles tourangelles.

POTÉE
de lentilles vertes

Pour 8 personnes | Préparation : 40 min | Cuisson : 2 h 45 à 3 h

INGRÉDIENTS

1,5 kg de petit-salé divers (palette, travers, jambonneau, etc.)
300 g de poitrine fumée
1 queue de cochon
2 pieds de porc
4 poireaux
5 carottes
3 navets
2 oignons
3 clous de girofle
2 gousses d'ail
1 bouquet garni
10 grains de poivre
1 petit chou
500 g de pommes de terre
1 saucisson à l'ail à cuire
300 g de lentilles vertes du Berry
1 branche de céleri

1 Lavez les viandes à grande eau. Mettez-les dans une marmite et recouvrez-les d'eau froide. Portez à ébullition, écumez à fond. Couvrez et laissez cuire à petits bouillons. Épluchez les légumes et ficelez les poireaux en botte.

2 Après 1 h 30 de mijotage, ajoutez les poireaux, les carottes, les navets, les oignons piqués de clous de girofle, les gousses d'ail, le bouquet garni et du poivre. Poursuivez la cuisson 45 min et ajoutez le chou, les pommes de terre et le saucisson piqué avec une fourchette pour éviter qu'il éclate à la cuisson. Laissez mijoter encore 30 min.

3 Pendant ce temps, vérifiez que les lentilles ont été bien triées et passez-les sous l'eau froide. Placez-les dans une casserole à fond épais avec le céleri et recouvrez largement d'eau froide. Salez et poivrez.

4 Faites partir la cuisson à très petit feu. L'eau doit rester frissonnante et ne jamais bouillir à gros bouillons, sous peine de faire éclater la peau des lentilles vertes qui est particulièrement fragile. En principe, les lentilles sont cuites au bout de 40 min environ.

5 Dressez les viandes, les légumes et les lentilles dans un plat chauffé au préalable. Servez en même temps le bouillon dégraissé dans des tasses.

BŒUF
bourguignon

Pour 6 personnes	Préparation : 30 min	Marinade : 24 h	Cuisson : 3 h

INGRÉDIENTS

1,5 kg de bœuf à braiser (macreuse, paleron)
2 c. à soupe d'huile
100 g de beurre
2 c. à soupe de farine
400 g de petits champignons de Paris
24 petits oignons grelots
200 g de lard maigre sans couenne

POUR LA MARINADE

2 c. à soupe d'huile
1 l de vin rouge
2 c. à soupe de marc de Bourgogne
1 gros oignon finement émincé
2 ou 3 échalotes finement émincées
1 bouquet garni

1 La veille, préparez la marinade. Coupez la viande en gros cubes et placez-la dans un récipient.

2 Arrosez-la d'abord d'huile, puis versez le vin et le marc. Ajoutez l'oignon et les échalotes, le bouquet garni et 1 grosse c. à café de poivre concassé. Mélangez bien le tout, couvrez et laissez mariner 24 h au réfrigérateur.

3 Le jour même, égouttez la viande et épongez-la avec du papier absorbant. Passez la marinade au chinois et réservez-la.

4 Faites chauffer l'huile et 60 g de beurre dans une cocotte et mettez les morceaux de viande à dorer pendant 3 ou 4 min. Retournez-les plusieurs fois pour qu'ils soient saisis uniformément. Sortez-les avec une écumoire et réservez-les.

5 Jetez la matière grasse de la cocotte. Faites fondre 20 g de beurre dans la cocotte, puis mettez-y la viande et son jus. Saupoudrez de farine en retournant plusieurs fois les morceaux à feu vif.

6 Portez la marinade à ébullition et versez-la chaude dans la cocotte. Salez et poivrez. Couvrez et laissez cuire à petits frémissements pendant 2 h 30 ; rectifiez l'assaisonnement à mi-cuisson.

7 Parez les champignons et épluchez les petits oignons.

8 En fin de cuisson de la viande, coupez le lard en petits dés et faites-le fondre doucement, dans une casserole, 7 ou 8 min.

9 Retirez-le avec une écumoire et mettez les oignons à la place. Faites-les cuire 10 min à feu très doux en couvrant, puis quelques instants à découvert pour les faire blondir légèrement. Réservez-les avec les lardons.

10 Mettez les champignons et le reste de beurre dans la casserole et faites-les cuire 5 min à feu moyen. Ajoutez-les aux lardons et aux petits oignons.

11 Vérifiez la cuisson en piquant un couteau dans la viande. Quand elle est tendre, retirez le bouquet garni. Mettez les oignons, les lardons et les champignons dans la sauce et poursuivez la cuisson 30 min. Servez chaud avec des pommes de terre vapeur persillées.

GIGOT
de sept heures

Pour 6 personnes | Préparation : 1 h | Cuisson : 7 h 10

INGRÉDIENTS

1 gigot (de 2,5 à 3 kg)
300 g de lard gras
10 cl d'huile
3 carottes
300 g de couenne
1 ou 2 feuilles de laurier
3 branches de thym
1 tête et 6 gousses d'ail
10 cl de cognac
2 c. à soupe de concentré de tomate
2 c. à café de fond de veau en poudre
Vin blanc sec (facultatif)

1 Demandez à votre boucher de désosser le gigot en laissant uniquement l'os du manche et de le larder avec le lard gras. Préchauffez le four à 150 °C.

2 Dans une cocotte, faites revenir le gigot sur toutes ses faces dans un peu d'huile. Retirez-le. Faites blondir les carottes coupées en rondelles. Enlevez-les et tapissez le fond de la cocotte avec les morceaux de couenne.

3 Placez le gigot, puis ajoutez les carottes, le laurier, le thym, la tête d'ail non épluchée et coupée en deux, les gousses d'ail non épluchées, le cognac, le concentré de tomate et 50 cl d'eau dans laquelle vous aurez dissous le fond de veau. Salez, poivrez. Fermez hermétiquement. Mettez de l'eau dans le couvercle de la cocotte s'il est creux. Sinon, versez 2 verres d'eau dans la lèchefrite.

4 Enfournez pour 7 h. Vérifiez régulièrement qu'il reste du jus et, si besoin, ajoutez du vin blanc en cours de cuisson. Servez avec des haricots blancs ou tout simplement avec des pommes de terre cuites au four.

À GRILLER, rôtir ou mijoter !

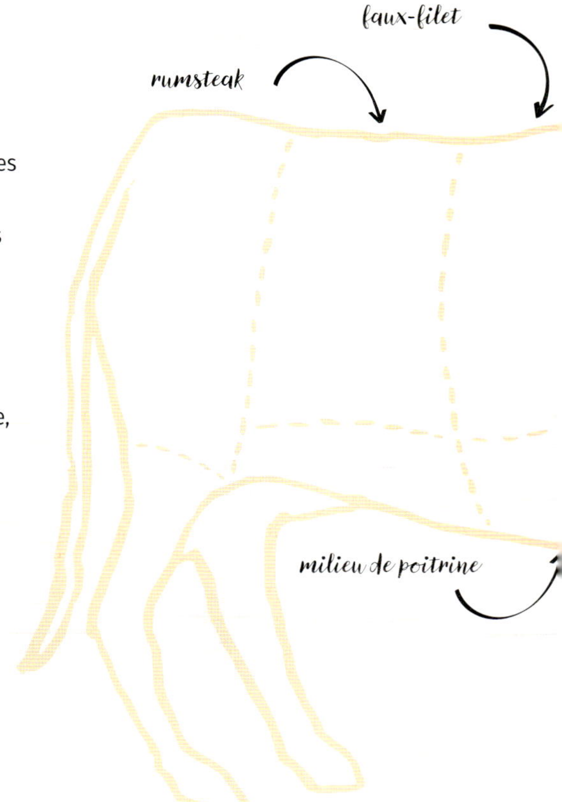

ON ADORE LA BELLE LIMOUSINE…

Parlons d'une race bovine qui fait honneur à la France depuis le XVIIe siècle : **la limousine** ! Cette belle bête à la robe fauve et à la tête massive a conquis les amateurs de viande rouge partout dans le monde. Mais qu'est-ce qui la rend si spéciale ? Race rustique, la limousine a su s'adapter aux terres accidentées et aux climats rigoureux du Limousin. Elle est élevée en plein air, engraissée à l'herbe fraîche et au foin séché, et grandit à son rythme, sans stress ni contraintes. Cela se reflète dans la qualité de sa viande tendre, juteuse et parfumée. Cette dernière a, de plus, l'avantage d'être très polyvalente en cuisine, se prêtant à toutes sortes de préparations, du pot-au-feu à la grillade, en passant par le carpaccio et le tartare pour les plus téméraires.

… ON CRAQUE POUR LE BŒUF D'AUBRAC…

Ah, **le bœuf d'Aubrac**, une viande qui fait battre les cœurs (et tinter les fourchettes) des gourmets les plus exigeants ! Peuplant les montagnes de l'Aveyron depuis des siècles, il était originellement exploité comme bête de labour, supportant des écarts de températures importants et marchant beaucoup. Mais aujourd'hui, c'est surtout sa viande qui fait sa renommée ! Élevé à plus de 1 000 m d'altitude, le bœuf d'Aubrac est nourri à l'herbe fraîche des prairies, alliée à des compléments céréaliers sans OGM. Cela donne à la viande une chair ferme, persillée et incroyablement goûteuse… promesse d'un effet bœuf sur vos papilles !

… SANS OUBLIER LA CHAROLAISE…

Le bœuf charolais est de loin le plus connu des bœufs français. Et pour cause, c'est l'une des races les plus appréciées en France ! Originaires de la région de Charolles en Bourgogne, les élevages sont aujourd'hui largement implantés sur tout le territoire ainsi que dans plus de soixante-dix autres pays, rien que ça ! On reconnaît la robe du charolais à sa couleur blanche ou crème et il est, la plupart du temps, élevé de manière traditionnelle, dans le respect du cycle prairie-étable. Il est particulièrement apprécié par les éleveurs pour sa capacité de croissance importante et ses qualités bouchères, offrant une viande peu grasse et savoureuse. En 2010, la viande de Charolles a pu bénéficier d'une AOC, la distinguant des autres élevages.

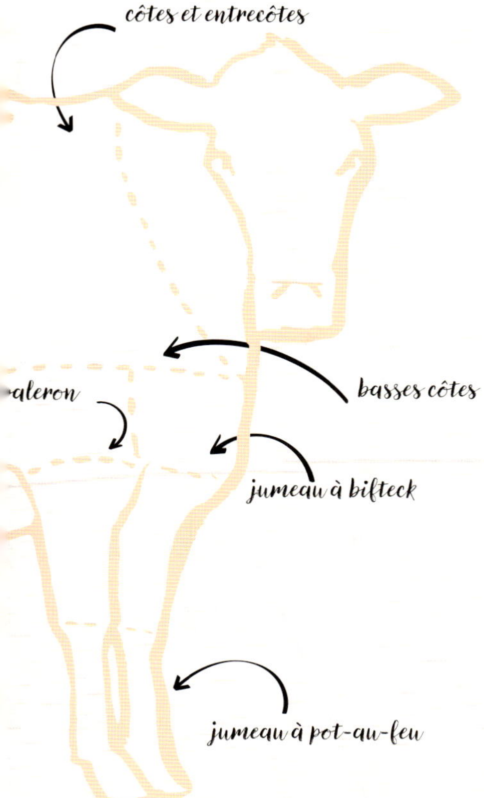

… ET LE BŒUF DE CHALOSSE !

Le bœuf de Chalosse est une appellation générique regroupant plusieurs races de bœufs élevées dans la région de Chalosse, au sud des Landes : la limousine, la blonde d'Aquitaine et le croisement de ces deux stars du monde bovin. Élevés en pâturage, puis engraissés à la farine de maïs et au foin, les animaux sont reconnus pour leur viande bien persillée qui s'adapte à de nombreuses recettes et préparations, et qui saura vous « blœuffer » !

DES AGNEAUX À LA PLAGE ?

C'est (presque) le cas des **agneaux de prés-salés du Mont-Saint-Michel**, la crème solaire en moins ! En effet, les pâturages dans lesquels ils sont élevés sont régulièrement recouverts d'eau lors des grandes marées locales, imprégnant la terre et l'herbe de sel et de plusieurs variétés de plantes marines, telles que la salicorne. Ces caractéristiques alimentaires confèrent à la viande sa saveur caractéristique. Attention toutefois à la contrefaçon dont peut être victime cette viande rare et de grande qualité : sa saison s'étend d'avril à décembre, et les élevages sont forcément porteurs d'une AOC.

ET L'OR NOIR DU PAYS BASQUE, « PORC FAVOR » !

Les amateurs de charcuteries ne pourront pas passer à côté de cet or noir culinaire ! Également connu sous le nom de « porc basque », **le pie noir du Pays basque** est une race porcine locale, vivant exclusivement dans les montagnes et forêts du Pays basque français et espagnol. Résistant, il s'adapte parfaitement à son environnement naturel, ce qui lui permet d'être élevé uniquement en plein air. Ainsi, en plus de l'alimentation d'engraissement habituelle, il se nourrit aussi de châtaignes, de glands et de racines, donnant une viande riche en saveurs, aux notes boisées et légèrement sucrées. Il entre dans la fabrication de la charcuterie traditionnelle : jambon de la vallée des Aldudes et jambon de Bayonne, ventrèche, boudin basque…

LAPIN
à la moutarde

Pour 6 personnes | Préparation : 20 min | Cuisson : 45 min

INGRÉDIENTS

1 lapin (de 1,5 kg environ)
3 c. à soupe d'huile
6 c. à soupe de moutarde de Dijon à l'ancienne
2 c. à soupe de feuilles de thym
10 cl de vin blanc
6 c. à soupe de crème fraîche

1 Après avoir réservé le foie, coupez le lapin en morceaux. Faites-les revenir dans la poêle avec l'huile à feu vif, en les retournant plusieurs fois pour qu'ils soient uniformément dorés.

2 Préchauffez le four à 180 °C. Au fur et à mesure qu'ils sont dorés, rangez les morceaux de lapin en les enduisant largement de moutarde dans une cocotte allant au four. Salez très légèrement (la moutarde le fait déjà), poivrez et poudrez de thym. Couvrez et enfournez pour 30 min.

3 Sortez la cocotte du four. Retirez les morceaux de lapin, en récupérant toute la moutarde, et posez-les sur un plat. Mettez la cocotte à feu modéré, versez le vin blanc, faites cuire 1 ou 2 min, ajoutez la crème, puis portez à ébullition en grattant bien le fond de la cocotte pour dissoudre les sucs dans la sauce. Goûtez et rectifiez l'assaisonnement.

4 Remettez les morceaux dans la cocotte et ajoutez le foie. Couvrez et enfournez à nouveau pour 10 min.

5 Disposez les morceaux de lapin dans un plat chaud, coupez le foie en tranches. Nappez de sauce et servez aussitôt.

ASTUCE

Au moment d'ajouter le foie du lapin, vérifiez la consistance de la sauce : si elle vous semble trop liquide, découvrez la cocotte avant la fin de la cuisson pour qu'elle puisse épaissir un peu.

SANDRE
à la vouvrillonne

Pour 6 personnes | Préparation : 30 min | Cuisson : 50 min à 1 h

INGRÉDIENTS

1 sandre (de 1,5 à 2 kg)
3 carottes
3 branches de céleri
300 g de pleurotes
50 g de beurre
3 branches de thym
1 feuille de laurier
1 gousse d'ail hachée
4 échalotes hachées
5 petits oignons
75 cl de vouvray sec

1 Faites écailler et vider le sandre par votre poissonnier. Lavez-le rapidement et essuyez-le.

2 Détaillez les carottes et le céleri en petits dés. Coupez les pleurotes en deux, supprimez l'extrémité de leurs pieds s'ils sont secs.

3 Dans une sauteuse, chauffez le beurre et faites-y suer doucement les carottes et le céleri avec le thym et le laurier, ajoutez ensuite les pleurotes et enfin l'ail, les échalotes et les oignons.

4 Préchauffez le four à 200 °C. Une fois cuits, versez les légumes dans un plat ovale allant au four. Posez le sandre dessus, mouillez avec le vouvray, enfournez pour 30 à 40 min. Arrosez souvent. Dès que le poisson est doré, baissez la température et couvrez avec une feuille d'aluminium.

5 Servez ce sandre avec des pommes de terre vapeur ou avec des pâtes fraîches et parsemez-le éventuellement de persil ciselé.

PITHIVIERS

Pour 8 personnes | Préparation : 1 h | Cuisson : 45 min

INGRÉDIENTS

700 g de pâte feuilletée
250 g d'amandes en poudre
6 jaunes d'œufs
250 g de sucre
1 sachet de sucre vanillé
200 g de beurre
3 c. à soupe de rhum
1 œuf
1 c. à soupe de lait

1 Préparez la pâte feuilletée ou utilisez de la pâte feuilletée toute prête.

2 Confectionnez le fourrage : dans un saladier, mélangez les amandes en poudre avec les jaunes d'oeufs en remuant énergiquement. Incorporez ensuite le sucre et le sucre vanillé de façon à obtenir un mélange bien homogène. Ajoutez enfin le beurre ramolli et le rhum.

3 Préchauffez le four à 230 °C. Divisez la pâte feuilletée en deux parts : l'une de 300 g, l'autre de 400 g. Étalez chacune d'elles en un disque de même diamètre.

4 Garnissez le disque le plus mince avec la crème aux amandes en laissant tout autour une marge de 1,5 cm. Badigeonnez le pourtour avec un pinceau trempé dans l'eau.

5 Posez ensuite le deuxième disque sur la crème et soudez soigneusement les bords. Avec la pointe d'un couteau, festonnez le tour du pithiviers en faisant de petites incisions et tracez des motifs en losanges ou en rosaces sur le dessus. Dorez ensuite avec un œuf battu dans le lait.

6 Enfournez le gâteau pour 45 min. Lorsque la surface est bien dorée, baissez la température à 200 °C. Servez tiède ou froid.

À NOTER

Il existe une autre spécialité de Pithiviers tout aussi savoureuse : le pithiviers fondant, un gâteau sans feuilletage, à base de pâte d'amandes, d'œufs, de beurre, de sucre, glacé sur le dessus et décoré de fruits confits.

CRÉMETS
d'Anjou

Pour 6 personnes | Préparation : 15 min | Réfrigération : 8 h

INGRÉDIENTS

6 blancs d'œufs
1 pincée de sel
50 cl de crème liquide bien froide
100 g de sucre en poudre
(vanillé ou non)
6 petits moules troués
(type moules à faisselles)
ou, à défaut, 1 passoire
1 carré de gaze

1 Battez les blancs d'œufs en neige très ferme avec le sel.

2 Préparez une crème Chantilly. Versez la crème liquide dans un saladier plongé éventuellement dans un saladier rempli de glaçons. Fouettez-la énergiquement, ajoutez le sucre peu à peu.

3 Incorporez délicatement les blancs en neige à la chantilly.

4 Versez ce mélange dans les moules (ou dans la passoire) garnis de gaze. Laissez reposer au moins 8 h au réfrigérateur pour que la préparation s'égoutte bien.

5 Démoulez les crémets et servez avec du sucre en poudre et des fruits rouges frais ou sous forme de coulis.

À NOTER

À l'origine, la recette comportait, à parts égales, fromage blanc et crème fraîche. Dans ce cas, fouettez ces deux ingrédients avant d'incorporer les blancs d'œufs battus.

SABLÉS
de Sablé-sur-Sarthe

Pour 50 sablés	Préparation : 20 min	Réfrigération : 30 min	Cuisson : 10 à 12 min par fournée

INGRÉDIENTS

200 g de beurre
100 g de sucre
4 jaunes d'œufs
320 g de farine
½ tasse de lait

1 Sortez le beurre du réfrigérateur au moins 2 h à l'avance. Dans un récipient, travaillez le beurre en pommade avec le sucre, 3 jaunes d'œufs et 1 pincée de sel. Incorporez alors la farine peu à peu, avec éventuellement un peu de lait, jusqu'à ce que la pâte soit souple sans être molle. Roulez-la en boule et laissez-la reposer 30 min au frais.

2 Préchauffez le four à 220 °C. Beurrez la plaque du four. Étalez la pâte sur une surface farinée avec un rouleau à pâtisserie pour obtenir une grande feuille d'une épaisseur de 4 mm. À l'aide d'un emporte-pièce, découpez les sablés et déposez-les sur la plaque. Dorez avec le dernier jaune d'œuf battu dans 3 c. à soupe de lait.

3 Enfournez pour 10 à 12 min, jusqu'à ce que les sablés soient juste dorés. Retirez-les du four et laissez-les refroidir sur une grille. Conservez-les dans une boîte hermétique.

À NOTER

Difficile de rivaliser avec les boulangers-pâtissiers de Sablé qui excellent dans la fabrication de ces délicieux petits gâteaux secs ! Néanmoins, la recette est simple à réaliser. Sa réussite tient à la fois à la finesse du beurre et à la granulométrie du sucre.

SUD-OUEST
et Midi-Pyrénées

TERRINE
de foie gras mi-cuit

Pour une terrine de 1 kg	Préparation : 15 min	Marinade : 12 h	Cuisson : 40 min

INGRÉDIENTS

1 kg de foie gras
de canard (ou d'oie)
16 g de sel
5 g de poivre blanc
2 g de quatre-épices
10 cl de porto blanc

1 Dénervez les lobes de foie gras. Mettez-les dans un plat, saupoudrez-les des deux côtés de sel, de poivre blanc, de quatre-épices et arrosez-les de porto. Laissez-les mariner 12 h au réfrigérateur ; durant ce temps, retournez-les deux ou trois fois.

2 Préchauffez le four à 100 °C. Déposez les lobes de foie dans une terrine en tassant bien, de façon qu'il ne reste aucune poche d'air.

3 Mettez la terrine dans un plat à bords hauts et versez de l'eau bouillante jusqu'à mi-hauteur. Enfournez pour 40 min.

4 Sortez la terrine du four et laissez refroidir. Posez dessus une planchette et un poids de 250 g, puis mettez au réfrigérateur.

5 Retirez la planchette lorsque la graisse est figée. Faites-la fondre dans une casserole, puis coulez-la sur le dessus de la terrine. Démoulez la terrine et coupez-la en tranches.

ASTUCE

On prévoit en général entre 12 et 16 g de sel par kilo de foie gras et entre 3 et 5 g de poivre. Vous pouvez remplacer le quatre-épices par de la muscade ou d'autres épices de votre choix, et le porto par des alcools comme le cognac, l'armagnac, un vin moelleux… Pour trancher le foie gras, sortez-le du réfrigérateur au moins 20 min avant de le déguster. Tranchez-le à l'aide d'une lyre ou d'un couteau à lame fine. Cette terrine peut se conserver 15 jours au réfrigérateur.

SALADE *landaise*

Pour 4 personnes | Préparation : 20 min | Cuisson : 3 min

INGRÉDIENTS

200 g de gésiers de canard fumé
2 c. à soupe de vinaigre de xérès
60 g de cerneaux de noix
4 tranches de foie gras de canard (de 60 g chacune environ)
Mesclun pour 4 personnes
20 tranches de magret de canard fumé

POUR LA VINAIGRETTE

1 c. à soupe de vinaigre de vin
1 c. à café de moutarde
3 c. à soupe d'huile de noix

1 Chauffez les gésiers de canard dans une casserole pour faire fondre la graisse. Égouttez-les et coupez-les en morceaux. Saisissez-les pendant 3 min dans une poêle pour les faire légèrement dorer. Versez le vinaigre de xérès dans la poêle et mélangez pour détacher les sucs de cuisson. Éteignez le feu et ajoutez les cerneaux de noix.

2 Préparez la vinaigrette. Mélangez le vinaigre avec la moutarde. Salez, poivrez, puis ajoutez l'huile de noix. Assaisonnez-en le mesclun.

3 Coupez les tranches de foie gras en morceaux. Répartissez le mesclun dans quatre assiettes, puis disposez dessus les tranches de magret, les morceaux de foie gras, les morceaux de gésiers et les noix. Servez aussitôt.

ASTUCE

Vous pouvez ajouter quelques fruits secs dans la salade, des figues ou des abricots coupés en petits morceaux, par exemple.

ŒUFS à la piperade

Pour 6 personnes | Préparation : 15 min | Cuisson : 1 h 20

INGRÉDIENTS

24 piments verts doux de pays (ou 6 poivrons)
1,5 kg de tomates bien mûres
3 c. à soupe d'huile d'olive
3 gros oignons émincés
2 gousses d'ail hachés
6 œufs

1 Épépinez les piments et coupez-les en lanières. Pelez les tomates après les avoir ébouillantées pendant 1 min, puis concassez-les.

2 Faites chauffer l'huile dans une cocotte, faites-y fondre les oignons 5 min à feu doux, puis les piments et l'ail pendant 2 min. Ajoutez la chair des tomates et mélangez. Salez et poivrez. Faites évaporer, à grand feu, l'eau de végétation des tomates. Ensuite, baissez le feu, couvrez et laissez mijoter pendant 1 h en remuant de temps à autre.

3 Battez les œufs en omelette, versez-les dans la cocotte en les mélangeant continuellement jusqu'à ce qu'ils prennent. Dégustez aussitôt.

ASTUCE

Vous pouvez servir ce plat avec des tranches de jambon de Bayonne poêlées dans 2 c. à soupe d'huile d'olive.

MAGRETS DE CANARD
aux pêches fondantes

Pour 4 personnes | Préparation : 20 min | Cuisson : 20 min

INGRÉDIENTS

2 magrets de canard
8 pêches fraîches
30 g de beurre
Le jus de 1 orange
Le jus de ½ citron
25 g de sucre

1 Incisez les magrets de canard côté peau.

2 Portez de l'eau à ébullition dans une casserole. Plongez les pêches dans l'eau pendant 3 min pour les pocher. Égouttez les pêches, rafraîchissez-les sous l'eau froide, puis pelez les. Coupez-les en deux et réservez.

3 Dans une poêle, faites fondre le beurre. Ajoutez les jus d'orange et de citron, les oreillons de pêches, et saupoudrez de sucre. Faites cuire 15 min sur feu doux en laissant les fruits caraméliser (ajoutez 1 c. à soupe d'eau, si nécessaire).

4 Pendant ce temps, poêlez les magrets dans une autre poêle sans matière grasse pendant environ 5 min sur feu moyen, côté peau d'abord. Jetez la graisse rendue par les magrets et remettez à cuire encore 5 min de chaque côté. Salez et poivrez.

5 En attendant de les servir, maintenez-les au chaud dans du papier aluminium, puis dégustez aussitôt avec les pêches rôties.

ASTUCE

Selon la saison, on pourra préparer les magrets avec d'autres fruits, frais ou en conserve.

CONFIT *sarladais*

Pour 6 personnes | Préparation : 30 min | Réfrigération : 12 h | Cuisson : 3 h 30

INGRÉDIENTS

6 cuisses de canard gras
100 g de gros sel
500 g de graisse de canard
500 g de pommes de terre à chair ferme
3 gousses d'ail
1 bouquet de persil haché

1. La veille, frottez les cuisses de canard avec le gros sel. Laissez-les reposer au réfrigérateur pendant 12 h au moins.
2. Le jour même, sortez les cuisses du sel, rincez-les soigneusement et épongez-les avec du papier absorbant. Dans un faitout, faites fondre la graisse de canard à feu très doux.
3. Déposez les cuisses dans la graisse chaude et laissez cuire pendant 3 h à feu très doux, en surveillant pour que la viande n'attache pas. La température de cuisson ne doit pas dépasser 80 °C.
4. Épluchez les pommes de terre (inutile de le faire si vous avez des pommes de terre nouvelles). Coupez-les en deux ou en quatre, selon leur taille. Lavez-les et épongez-les.
5. Prélevez 50 g de graisse qui a servi à cuire les cuisses. Mettez cette graisse dans une poêle bien chaude et faites-y cuire les pommes de terre pendant 30 min en les retournant souvent. Salez et poivrez.
6. Pelez l'ail et pressez-le. Égouttez les cuisses. Placez-les dans une poêle antiadhésive chaude et faites-les cuire 5 min de chaque côté.
7. Parsemez les pommes de terre du hachis d'ail et de persil, puis mélangez délicatement. Servez aussitôt avec les cuisses confites.

ASTUCE

Vous pouvez conserver le confit dans sa graisse de 15 jours à 3 semaines.

POULE AU POT
béarnaise

Pour 8 personnes | Préparation : 30 min | Cuisson : 1 h 30 à 2 h

INGRÉDIENTS

1 poule (de 3 kg environ) avec foie, cœur et gésier
200 g de mie de pain rassis
2 oignons
1 gousse d'ail
200 g de jambon de Bayonne
½ botte de persil plat effeuillée
2 œufs
8 carottes
4 navets
4 poireaux
1 petit chou vert frisé
1 branche de céleri
2 clous de girofle
1 bouquet garni
Pain de campagne rassis

1 Videz la volaille. Émiettez la mie de pain. Épluchez les oignons et l'ail. Hachez le jambon, 1 oignon, l'ail, le persil, le foie, le cœur et le gésier de la volaille, puis ajoutez la mie de pain, les œufs, du sel et du poivre, et malaxez bien le tout. Placez cette farce à l'intérieur de la poule et recousez bien l'ouverture.

2 Mettez la poule dans un grand faitout et recouvrez-la d'eau froide. Portez à ébullition en écumant plusieurs fois. Salez, couvrez à demi, baissez le feu et laissez cuire 30 min à petits frémissements.

3 Épluchez et lavez les légumes. Coupez-les ; piquez l'oignon restant avec les clous de girofle. Mettez-les dans le faitout, avec quelques grains de poivre et le bouquet garni.

4 Continuez la cuisson de la poule encore 1 h à 1 h 30, jusqu'à ce que les chairs soient tendres.

5 Faites dorer quelques tranches de pain au four ou au grille-pain, puis disposez-les au fond d'une soupière.

6 Sortez la poule et dressez-la dans un plat. Égouttez les légumes, mettez-les dans un plat à part ou entourez-en la volaille. Versez le bouillon sur les tranches de pain. Après avoir présenté la volaille à vos convives, découpez-la, coupez la carcasse, extrayez la farce et tranchez-la. Servez bien chaud.

ASTUCE

Vous pouvez ajouter des rutabagas. La poule au pot se sert telle quelle ou accompagnée de cornichons ou de sauce gribiche.

SABATIER

DAUBE
de cèpes

Pour 6 à 8 personnes | Préparation : 1 h | Cuisson : 2 h

INGRÉDIENTS

2 kg de cèpes bien fermes
2 tranches de jambon
2 tranches de ventrèche maigre
3 c. à soupe de graisse d'oie
(ou de canard ou d'huile)
10 gousses d'ail hachées
3 échalotes hachées
1 brin de persil haché
25 cl d'eau ou de bouillon
20 cl de vin blanc sec

1 Nettoyez bien les cèpes avec un linge ou du papier absorbant, sans les laver. Séparez les queues et hachez-les. Hachez le jambon et la ventrèche.

2 Dans une poêle, faites revenir les têtes des cèpes avec la moitié de la graisse bien chaude (ou de l'huile). Égouttez-les, réservez-les, puis, dans la même poêle, faites revenir à feu doux le hachis d'ail, échalotes, jambon et ventrèche pendant une vingtaine de minutes.

3 Dans une autre poêle, faites revenir les queues des cèpes hachées pendant 15 à 20 min, puis réunissez les deux cuissons et faites-les mitonner, à couvert, pendant une vingtaine de minutes.

4 Dans une cocotte (si possible en terre), mettez les têtes de cèpes et le contenu de la poêle. Ajoutez l'eau (ou le bouillon) et le vin blanc. Couvrez et laissez mijoter 1 h à feu très doux. Plus la daube est mitonnée, meilleure elle est.

ASTUCE

Cette daube peut accompagner un confit ou une grillade, ou être dégustée seule.

GARBURE

Pour 8 personnes | Préparation : 40 min | Trempage : 12 h | Cuisson : 2 h 30

INGRÉDIENTS

1 talon de jambon de Bayonne
300 g de haricots blancs secs
200 g de fèves fraîches (ou surgelées)
500 g de pommes de terre
2 carottes
2 navets
2 blancs de poireaux
1 branche de céleri
¼ de chou vert
2 saucisses de Toulouse
3 cuisses de canard confit
1 bouquet garni
2 l de bouillon de volaille
20 cl de vin blanc sec
2 échalotes finement hachées
6 à 8 tranches de pain de campagne
3 gousses d'ail
1 c. à soupe de persil haché

1 La veille, faites tremper le jambon et les haricots dans de l'eau froide.

2 Le jour même, plongez le jambon 10 min dans de l'eau bouillante. Écossez les fèves et retirez leur peau blanche. Si elles sont surgelées, faites-les décongeler. Épluchez les pommes de terre, les carottes et les navets ; coupez-les en petits morceaux. Émincez finement les blancs de poireaux et le céleri. Détaillez les feuilles de chou en lanières.

3 Préchauffez le four à 220 °C. Mettez les saucisses et le confit de canard (réservez la graisse) dans un plat à rôtir et faites-les dorer 15 min au four. Égouttez-les, dégraissez-les et coupez-les en gros morceaux. Réservez-les.

4 Mettez le jambon, les haricots et le bouquet garni dans une marmite. Versez le bouillon (ou de l'eau), portez à ébullition et faites cuire pendant 45 min. Déglacez le plat à rôtir avec le vin blanc sec, puis versez ce jus dans la marmite.

5 Dans une sauteuse, faites revenir les échalotes, carottes, navets, poireaux et céleri avec un peu de graisse de confit pendant 5 min. Salez, poivrez, puis mettez le tout dans la marmite et laissez mijoter 30 min.

6 Faites blanchir le chou 5 à 8 min dans l'eau bouillante salée, sans couvrir. Ajoutez-le dans la marmite ainsi que les pommes de terre. Laissez mijoter 30 min. Ajoutez les fèves et faites cuire 5 min. Salez, poivrez et ôtez le bouquet garni.

7 Frottez les tranches de pain préalablement grillées avec l'ail. Coupez le jambon en tranches de 1 cm d'épaisseur et mettez-les dans la soupière avec la saucisse et le confit. Versez par-dessus le bouillon très chaud et ses légumes, parsemez de persil, portez à ébullition et rectifiez l'assaisonnement avec quelques tours de moulin à poivre. Servez bien chaud, avec les croûtons à l'ail.

À NOTER

Le nom de cette célèbre soupe de légumes viendrait de garbe, « gerbe », car c'est une « gerbe de légumes ».

CASSOULET
de Toulouse

Pour 6 personnes | Préparation : 40 min | Trempage : 6 à 12 h | Cuisson : 2 h 45

INGRÉDIENTS

800 g de haricots blancs secs (lingots)
250 g de couenne de porc
500 g d'épaule (ou de collier de mouton ou d'agneau) (facultatif)
3 oignons
11 gousses d'ail
200 g de graisse d'oie
25 cl de bouillon de volaille
300 g de longe (ou d'échine) de porc
250 g de travers de porc
150 g de jambon cru de pays
2 carottes
1 bouquet garni
Noix de muscade
400 g de confit d'oie (ou de canard)
250 g de saucisse de Toulouse

1 Faites tremper les haricots 6 h minimum dans un récipient d'eau froide, en changeant l'eau plusieurs fois. Dans un autre récipient, faites tremper la couenne.

2 Coupez l'agneau en morceaux. Épluchez et coupez 2 oignons en rondelles, épluchez l'ail. Mettez 50 g de graisse d'oie à chauffer dans une cocotte et faites bien rissoler l'agneau, puis les oignons et 4 gousses d'ail. Salez, poivrez et versez le bouillon. Couvrez la cocotte et laissez mijoter pendant 40 min.

3 Égouttez la couenne et émincez-la en petites lanières. Ébouillantez-la pendant 10 min, puis égouttez-la. Détaillez la viande de porc en gros cubes et le jambon en dés. Épluchez et émincez les carottes et l'oignon restant.

4 Dans une cocotte, faites chauffer 50 g de graisse d'oie et faites tout revenir pendant 10 min. Salez et poivrez. Égouttez les haricots et ajoutez-les ainsi que la couenne, 6 gousses d'ail et le bouquet garni. Râpez un peu de muscade. Faites chauffer de l'eau et recouvrez-en les haricots (3 cm au-dessus environ). Couvrez et laissez cuire à petits frémissements, en écumant souvent, pendant 45 à 50 min.

5 Ajoutez éventuellement l'agneau et mélangez doucement. Débarrassez le confit de sa graisse et mettez-le dans la cocotte. Couvrez et laissez cuire pendant 30 min.

6 Piquez la saucisse avec une fourchette. Faites chauffer 50 g de graisse d'oie dans une poêle et faites bien rissoler la saucisse, puis égouttez-la et coupez-la en six.

VIVE la cochonnaille !

DE VIRE OU DE GUÉMÉNÉ : MAIS QUELLE ANDOUILLE !

Cette charcuterie, longue de 25 à 30 cm, est préparée à partir d'intestins et de morceaux d'estomac de porc, découpés et enfermés dans un boyau naturel. La composition de **l'andouille** peut avoir tendance à lui donner mauvaise réputation et, pourtant, nul besoin d'avoir l'estomac bien accroché pour se régaler de cette savoureuse spécialité. Longuement fumée à froid au bois de hêtre, lui donnant sa couleur noire caractéristique, elle est ensuite ficelée et cuite dans un court-bouillon. Elle se consomme froide, coupée en fines tranches.

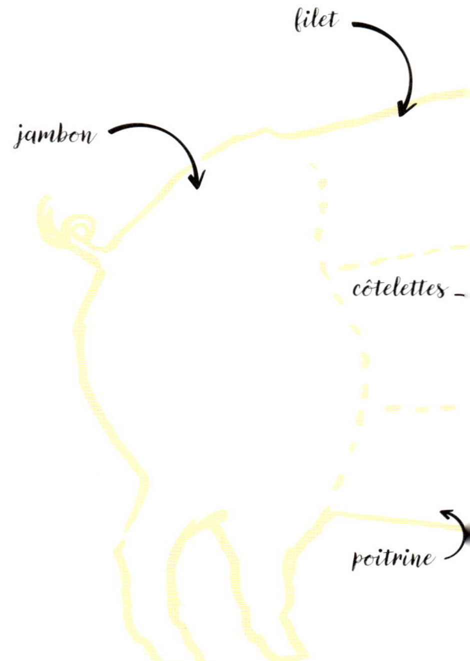

LE SAUCISSON SEC, UNE STAR AUVERGNATE !

On ne va pas vous raconter de saucisses, si l'Auvergne doit se distinguer pour une de ses spécialités, ce sera son **saucisson sec** (bon, oui, et les lentilles). Ce produit est réputé pour sa saveur et son arôme unique, dus à l'utilisation d'herbes et d'épices spécifiques dans sa préparation. Les ingrédients les plus couramment utilisés pour l'aromatiser sont le poivre noir, le vin rouge, l'ail et le thym. Le porc à la base du saucisson doit également être nourri avec des céréales locales, la viande doit être pur porc et le taux de gras inférieur aux recettes habituelles de saucissons. Le respect de ces critères de fabrication, ainsi que son ère de fabrication, ont valu au saucisson sec d'Auvergne, ainsi qu'à la saucisse sèche, d'obtenir une IGP européenne en 2016.

LA GUERRE DES RILLETTES

À l'instar du Mont-Saint-Michel, dont la paternité est disputée par les Bretons et les Normands, les origines de **la rillette** sont revendiquées par deux villes, Le Mans et Tours. Si les deux rillettes se ressemblent, leur mode de préparation est toutefois un petit peu différent. Toutes deux sont fabriquées à base de porc, mais les rillettes sarthoises sont mijotées lentement et mélangées à de la graisse, quand les rillettes tourangelles sont cuites rapidement, souvent avec le foie de l'animal. Elles ont pour point commun de ne pas contenir d'autres aromates que du sel et du poivre. Si l'une des deux devait cependant prendre la première place du podium, ce serait peut-être celle de Tours, grâce à son IGP, reconnaissant officiellement le caractère historique du savoir-faire de la rillette dans cette région !

LE PARADIS DES AMATEURS DE CHARCUTERIE

Les passionnés de cochonailles ne pourront qu'être comblés en visitant la ville de Lyon, qui a fait des **spécialités charcutières et tripières** le fleuron de sa gastronomie traditionnelle. On y retrouve les classiques saucissons de Lyon, au maigre haché fin et au gras haché gros, le saucisson brioché, souvent truffé de pistaches, ainsi que l'indétrônable rosette délicieuse à déguster avec des cornichons. Mais d'autres spécialités plus typiques font la renommée de la ville, encore plus que de sa région, dont l'andouillette de veau, le pâté de tête, le gras-double (tripes sautées et relevées de vinaigre) ou « le tablier de sapeur » (tripes panées et grillées). Dans les bouchons, les gastronomes les plus hardis pourront également se laisser tenter par des pieds de moutons, des paquets de couennes sautés en persillade ou encore du museau de bœuf en salade.

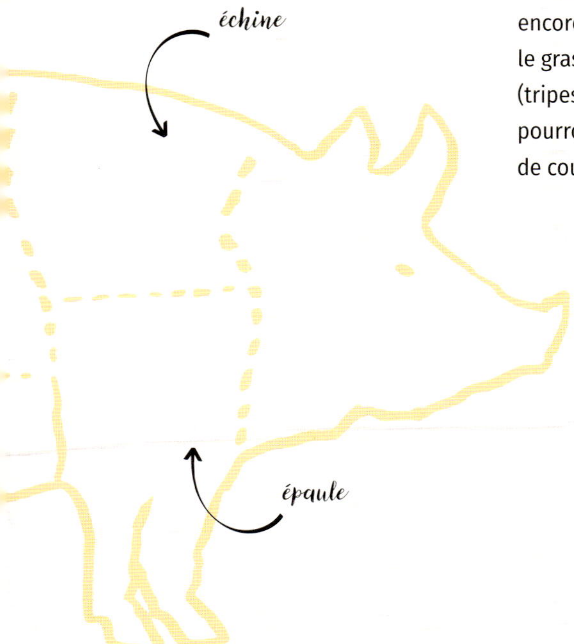

TIENS, VOILÀ DU BOUDIN !

Et pas n'importe lequel, puisqu'il s'agit du **boudin noir antillais**, variante du traditionnel boudin noir. La base de sang et de gras de porc est conservée, mais agrémentée d'un mélange d'épices et aromates tels que la cive, le quatre-épices, le piment ou encore le clou de girofle, lui conférant une saveur unique et plus épicée que celle de son cousin hexagonal. Il est habituellement poché, puis coupé en tranches et grillé.

FIGATELLU, PRISUTTU, LONZU…

La charcuterie corse est l'une des plus célèbres et des plus savoureuses de France. Issue d'un savoir-faire ancestral transmis de génération en génération sur tout le territoire de l'île, elle se compose principalement de viande de porc. Élevés en plein air, les animaux sont nourris avec des aliments naturels, ce qui confère à la charcuterie une qualité et un goût incomparables. Les spécialités les plus connues sont le lonzu, la coppa, le figatellu, le prisuttu et le saucisson corse, consommés à l'apéritif ou même en plat principal dans le cas du figatellu qui peut être poêlé. Reconnue pour son excellence, la charcuterie corse est régulièrement primée lors de concours gastronomiques.

PIMENT « PIQUILLOS » FARCIS
à la morue

Pour 6 personnes | Préparation : 45 min | Dessalage : 12 h | Cuisson : 20 min

INGRÉDIENTS

1 kg de morue
1 gousse d'ail
24 piments piquillos
(ou 6 poivrons rouges)
2 gros oignons émincés
2 c. à soupe d'huile d'olive
1 pincée de piment d'Espelette
20 cl de coulis de tomates

1 La veille, coupez la morue en gros morceaux. Faites-la dessaler pendant 12 h dans un grand récipient d'eau froide, en changeant l'eau plusieurs fois.

2 Le jour même, mettez la morue dans une marmite et recouvrez-la largement d'eau froide. Démarrez la cuisson à feu vif et, au premier frissonnement, éteignez le feu et couvrez. Laissez la morue encore 5 min dans son bouillon.

3 Égouttez la morue, débarrassez-la de sa peau et de ses arêtes, puis effeuillez-la.

4 Écrasez l'ail au presse-ail après avoir ôté son germe. Équeutez les piquillos et enlevez les graines. Si vous utilisez des gros poivrons rouges, faites-les griller entiers sous le gril du four. Quand leur peau se boursoufle, sortez-les du four et enveloppez-les dans du papier mouillé. Laissez refroidir, puis ôtez la peau.

5 Faites revenir doucement les oignons avec l'huile d'olive. Ajoutez la morue effeuillée, l'ail écrasé et la pincée de piment. Couvrez et laissez cuire à tout petit feu pendant 15 min. Versez ce mélange dans un plat creux et écrasez-le en purée à l'aide d'une fourchette. Salez (très modérément) si nécessaire.

6 Farcissez les piments (ou les poivrons) avec la purée de morue. Servez aussitôt avec le coulis de tomates tiède ou froid.

À NOTER

Au Pays basque, on utilise pour ce plat des piquillos, petits piments rouges en forme de coeur. Ils sont difficiles à trouver à l'état frais en dehors du Sud-Ouest, mais ils sont vendus en conserve dans les grandes surfaces ou dans les épiceries fines.

PASTIS *landais*

Pour 2 pastis | **Préparation : 20 min** | **Repos : 6 h 30 à 7 h** | **Cuisson : 45 min**

INGRÉDIENTS

30 g de levure de boulanger fraîche
3 ou 4 c. à soupe de lait + pour badigeonner
175 g de beurre
5 œufs
200 g de sucre en poudre
3 c. à soupe de rhum
500 à 750 g de farine
50 g de sucre en grains

1 Délayez la levure dans le lait tiède. Divisez 125 g de beurre en morceaux et faites-les ramollir.

2 Préchauffez le four à 180 °C. Cassez les œufs dans un saladier, battez-les légèrement, puis ajoutez le sucre, 1 pincée de sel, le rhum et le beurre. Mélangez bien, puis ajoutez la levure délayée. Mélangez à nouveau et ajoutez peu à peu de la farine en travaillant la pâte avec les mains jusqu'à ce qu'elle soit homogène et ne colle plus aux doigts.

3 Pétrissez cette pâte pendant 2 ou 3 min. Roulez-la en boule, mettez-la dans le saladier, couvrez et laissez-la monter pendant 6 h en la pétrissant brièvement toutes les 2 h pour la rompre.

4 Beurrez 2 moules à brioche avec le reste du beurre. Partagez la pâte en deux morceaux, déposez-les dans les moules et laissez lever encore 30 min à 1 h. La pâte doit atteindre le haut du moule. Badigeonnez de lait la surface des brioches à l'aide d'un pinceau et parsemez-les de sucre en grains.

5 Enfournez pour 45 min. Dégustez tiède ou froid.

À NOTER

Il existe deux sortes de pastis en Gascogne : le pastis landais, gâteau de pâte levée, et le pastis d'armagnac (ou pastis gascon), qui est une sorte de couronne feuilletée qui porte le nom de « croustade » ou de « tourtière » dans les Landes.

MILHASSOU

au potiron

Pour 8 personnes | Préparation : 30 min | Cuisson : 1 h

INGRÉDIENTS

500 g de chair de potiron
80 g de beurre
200 g de farine de maïs
150 g de sucre
5 œufs
50 cl de lait
5 cl de rhum
Extrait de vanille

1 Débarrassez le potiron des filandres et des graines et coupez-le en morceaux. Dans une casserole, mettez 20 cl d'eau et les morceaux de potiron, couvrez et faites cuire à feu doux jusqu'à ce qu'il s'écrase. Égouttez-le, puis passez-le au moulin à légumes ou au mixeur. Faites ramollir le beurre.

2 Versez la purée de potiron dans un récipient et ajoutez la farine de maïs. Quand elle est incorporée, versez le sucre, le beurre ramolli, puis les œufs un par un et 1 pincée de sel. Mélangez bien chaque fois. Versez le lait peu à peu, puis le rhum et quelques gouttes d'extrait de vanille.

3 Préchauffez le four à 200 °C. Beurrez une tourtière. Versez-y la pâte et enfournez pour 1 h. Démoulez le gâteau avec précaution et servez-le tiède ou froid.

À NOTER

Nombreuses sont les façons de faire le milhassou (ou millassou). Il est plus ou moins sucré, différemment parfumé (armagnac, eau de fleur d'oranger, rhum, etc.) et confectionné parfois avec des pruneaux.

GÂTEAU basque

Pour 6 à 8 personnes | Préparation : 30 min | Réfrigération : 1 h | Cuisson : 45 min

INGRÉDIENTS

300 g de farine
150 g de sucre
½ sachet de levure chimique
1 œuf entier + 3 jaunes
150 g de beurre ramolli
1 ou 2 c. à soupe de rhum
400 g de confiture
de cerises noires d'Itxassou
1 c. à soupe de lait

1 Préparez la pâte. Dans un saladier, mélangez la farine, le sucre, 1 pincée de sel et la levure. Faites un puits, mettez-y l'œuf entier et 2 jaunes d'œufs, le beurre coupé en petits morceaux ainsi que le rhum. Commencez par amalgamer les ingrédients en partant du centre à l'aide d'une cuillère en bois, puis pétrissez la pâte à la main jusqu'à ce qu'elle soit homogène. Roulez-la en boule et laissez reposer 1 h au réfrigérateur.

2 Divisez la pâte en 2 portions inégales (deux tiers, un tiers). Beurrez généreusement un moule à manqué de 26 cm de diamètre. Étalez la plus grosse portion au fond de ce moule en faisant largement remonter la pâte sur les bords.

3 Préchauffez le four à 200 °C. Répartissez la confiture de cerises noires sur la pâte. Étalez le reste de pâte pour former le couvercle. Mettez-le en place et soudez les bords en les mouillant. Dorez la surface avec 1 jaune d'œuf battu dans le lait.

4 Enfournez le gâteau pour 20 min, puis baissez la température à 180 °C et poursuivez la cuisson 20 min. Sortez le gâteau du four et laissez-le tiédir avant de le démouler. Servez tiède ou froid.

À NOTER

Le gâteau basque se fait aussi avec de la crème pâtissière à la place de la confiture de cerises noires.

NAVETTES
tarnaises

Pour 1 kg de navettes environ | Préparation : 30 min | Cuisson : 10 à 15 min

INGRÉDIENTS

200 g d'amandes mondées
230 g de sucre
400 g de farine
200 g de beurre ramolli
2 œufs
5 cl de rhum

1 Dans un saladier ou, mieux encore, dans un mortier, pilez les amandes avec 50 g de sucre.

2 Versez la farine dans un récipient. Creusez un puits et ajoutez 150 g de sucre, le beurre, les œufs, le rhum et les amandes pilées, en mélangeant chaque fois que vous mettez un nouvel ingrédient. Travaillez la pâte jusqu'à ce qu'elle soit bien homogène et lisse.

3 Préchauffez le four à 180 °C. Séparez la pâte en petites boules et, à la main, façonnez ces boules en navettes. Disposez-les sur la plaque du four recouverte d'un papier sulfurisé. Saupoudrez-les avec le reste du sucre. Enfournez pour 10 à 15 min, jusqu'à ce qu'elles soient bien dorées.

À NOTER

Ce petit sablé qui prend la forme d'une navette de tisserand est une spécialité de plusieurs villes du Midi, de Castelnaudary jusqu'à Marseille.

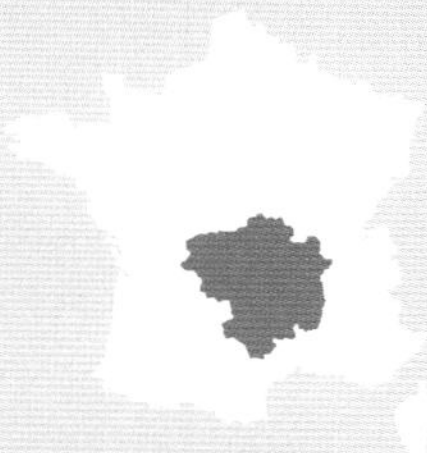

MASSIF CENTRAL

et lyonnais

COUSINA
ou soupe de châtaignes

Pour 6 personnes | Préparation : 40 min avec des marrons frais (15 min en conserve) | Cuisson : 1 h 05 avec des marrons frais (35 min en conserve)

INGRÉDIENTS

1 kg de marrons frais
(ou en conserve sous vide)
7 ou 8 branches de céleri
1,5 l de bouillon de volaille
Noix de muscade râpée
50 cl de crème fraîche

1 Si vous utilisez des marrons frais, épluchez-les et faites-les cuire : pratiquez une petite incision dans l'écorce avec un couteau bien tranchant, en prenant soin de ne pas entamer la pellicule du dessous.

2 Plongez-les dans de l'eau bouillante pendant 5 min. Retirez-les au fur et à mesure afin de les éplucher à chaud. Les deux enveloppes, écorce et pellicule, s'enlèvent alors aisément. Mettez-les à nouveau dans une casserole. Recouvrez-les d'eau. Portez à ébullition et laissez cuire pendant 25 min, puis égouttez-les.

3 Réservez une douzaine de marrons. Passez le reste au mixeur ou au moulin à légumes. Dans un faitout, versez la purée obtenue, les feuilles de céleri hachées et le bouillon de volaille. Mélangez bien et faites mijoter pendant 30 min. Salez, poivrez et ajoutez la muscade.

4 En fin de cuisson, vous devez obtenir un potage épais. Incorporez alors la crème fraîche. Rectifiez l'assaisonnement. Portez à ébullition, puis mettez les marrons entiers. Laissez cuire encore 1 ou 2 min. Versez le potage dans une soupière et servez aussitôt.

À NOTER

On confond souvent marron et châtaigne. La châtaigne comporte deux fruits jumeaux dans la même bogue, alors que le marron n'en a qu'un seul.

PÂTÉ
aux pommes de terre

Pour 6 à 8 personnes | Préparation : 40 min | Repos : 2 h 30 | Cuisson : 50 min

INGRÉDIENTS

POUR LA PÂTE
300 g de farine
150 g de beurre en morceaux
1 œuf

POUR LA GARNITURE
800 g de pommes de terre à chair ferme
1 l de lait
150 g de poitrine fumée en lardons
1 c. à soupe de beurre
1 c. à soupe d'huile
2 oignons émincés
2 c. à soupe de ciboulette et persil hachés
1 jaune d'œuf
2 c. à soupe de lait
20 cl de crème fraîche

1. Versez la farine dans une terrine. Faites un puits, mettez-y le beurre mou, 1 pincée de sel, l'œuf et 20 cl d'eau. Travaillez l'ensemble du bout des doigts de façon à obtenir une pâte ferme. Façonnez-la en boule et laissez-la reposer 2 h.

2. Épluchez les pommes de terre et coupez-les en rondelles assez fines. Faites bouillir le lait dans une casserole. Hors du feu, plongez-y les pommes de terre. Laissez-les tremper 30 min environ.

3. Faites dorer les lardons dans une poêle avec le beurre et l'huile, puis réservez-les. Faites cuire à la place les oignons sans les laisser colorer. Versez-les dans une terrine, ajoutez les fines herbes, les pommes de terre égouttées et les lardons. Salez un peu, poivrez et mélangez le tout.

4. Préchauffez le four à 200 °C. Divisez la pâte en deux parts (un tiers, deux tiers). Faites-en deux abaisses de 2 mm d'épaisseur. Beurrez une tourtière à hauts bords et foncez-la avec la plus grande abaisse, en laissant dépasser la pâte de 3 cm sur le pourtour. Garnissez avec le mélange de pommes de terre, oignons et lardons. Rabattez la pâte qui dépasse sur le pourtour et badigeonnez-la avec un pinceau trempé dans l'eau. Posez la seconde abaisse découpée au diamètre du moule. Appuyez délicatement sur les bords pour les souder. Dorez toute la surface avec le jaune d'œuf battu dans le lait. Faites un trou au centre et introduisez un petit morceau de carton roulé en cylindre pour former une cheminée.

5. Enfournez le pâté pour 45 min. Surveillez la coloration et diminuez la température, si nécessaire. En fin de cuisson, versez la crème fraîche par la cheminée. Servez aussitôt.

CERVELLE de canut

Pour 4 personnes | Préparation : 10 min | Égouttage : 12 h

INGRÉDIENTS

400 g de fromage blanc frais
2 c. à soupe de crème fraîche épaisse
100 g d'herbes fraîches ciselées (ciboulette, cerfeuil, persil…)
1 gousse d'ail hachée
1 échalote hachée
2 c. à soupe de vin blanc sec
2 c. à soupe de vinaigre de xérès

1 La veille, disposez le fromage blanc dans une étamine au-dessus d'une passoire. Laissez s'égoutter toute une nuit.

2 Le jour même, dans un saladier, fouettez le fromage égoutté et la crème fraîche, salez et poivrez. Ajoutez les herbes, l'ail et l'échalote. Versez le vin et le vinaigre, remuez bien.

3 Réservez la cervelle de canut au réfrigérateur jusqu'au moment de servir. Dégustez avec du pain grillé, par exemple.

À NOTER

Les Lyonnais consomment beaucoup de fromage blanc et l'agrémentent souvent de fines herbes, comme le faisaient autrefois les canuts, ouvriers spécialisés dans le tissage de la soie.

PETITS NOMS INSOLITES

pour plats savoureux !

BOUILLA-BAISSE

Cette spécialité incontournable de la cité phocéenne tient son nom du provençal « bouiabaisso », « bouillir et abaisser ». Face à son succès et aux différentes recettes fantaisistes qui ont pu circuler, une Charte de la bouillabaisse a été définie en 1980 par un groupement de restaurateurs de Marseille !

Retrouvez la recette p. 294.

ÉCHAUDÉS

Ces très anciennes pâtisseries aveyronnaises portent bien leur nom, qui vient de la première phase d'échaudage de la pâte, d'abord pochée dans l'eau chaude avant cuisson au four.

Retrouvez la recette p. 226.

CERVELLE DE CANUT

Ne faites pas la grimace, il ne s'agit pas d'un abat, mais bien d'une délicieuse recette de fromage blanc ! Jusqu'à la fin du XIXe siècle, il était considéré comme la viande du pauvre car riche en protéines, mais bien moins cher que la cervelle de mouton : les ouvriers des soieries de la région lyonnaise, appelés canuts, en consommaient donc de manière régulière.

Retrouvez la recette p. 196.

CLAQUEBITOU

Cet intitulé bien insolite (« quiaque-bitou » en langue bourguignonne) désigne un fromage de chèvre frais baignant dans son petit-lait, originaire de Bourgogne. Selon une étymologie populaire, le terme régional « bitou » est associé à l'œil, cette spécialité aurait en effet été utilisée comme remède contre les maladies oculaires !

Retrouvez la recette p. 126.

OREILLETTES

Non non, il ne s'agit pas des derniers écouteurs à la mode, mais bien d'une variété de beignet originaire du Languedoc. L'histoire de ce nom n'est pas claire, certains disent qu'il ferait référence à la forme d'origine de ces petites douceurs, similaire à une oreille...

Retrouvez la recette p. 302.

MILHASSOU

Voilà un nom bien mignon pour un dessert au potiron ! Il tient son nom du millet, utilisé traditionnellement pour le confectionner.

Retrouvez la recette p. 184.

KIG HA FARZ

Ce nom qui sent bon les embruns signifie « viande et far » en breton. Un incontournable de la tradition culinaire bretonne !

Retrouvez la recette p. 58.

FLAMMENKÜCHE

Si vous avez du mal à prononcer ce mot au restaurant, ne renoncez pas pour autant car il s'agit du terme flamand pour une délicieuse tarte flambée !

Retrouvez la recette p. 232.

POTJEVLEESH & WATERZOÏ

N'hésitez pas à vous entraîner à prononcer ces deux mots car vous pourriez bien avoir envie d'en parler très souvent ! Potjevleesch signifie « viande en petit pot » en flamand, et waterzoï « eau qui bout ».

Retrouvez les recettes p. 18 et 20.

SAUCISSON
brioché

Pour 6 personnes | **Préparation : 15 min** | **Repos : 20 min** | **Cuisson : 40 min**

INGRÉDIENTS

1 saucisson de Lyon à cuire
3 œufs
250 g de farine
1 sachet de levure chimique
15 cl de crème fraîche épaisse

1 Portez de l'eau à ébullition dans une casserole. Faites-y pocher le saucisson 15 min, puis égouttez-le et ôtez la peau.

2 Dans un saladier, mélangez les œufs avec la farine et la levure tamisées. Incorporez la crème fraîche.

3 À l'aide d'une spatule, travaillez la préparation jusqu'à obtention d'une pâte lisse et homogène.

4 Beurrez et farinez un moule à cake. Versez-y la moitié de la pâte. Déposez le saucisson, puis recouvrez-le de pâte.

5 Couvrez le moule d'un linge et laissez reposer 20 min.

6 Préchauffez le four à 200 °C. Enfournez le saucisson brioché pour 40 min.

GRATINÉE
lyonnaise

Pour 4 personnes | **Préparation : 20 min** | **Cuisson : 1 h 10**

INGRÉDIENTS

1 kg d'oignons finement émincés
50 g de beurre
2 c. à soupe de farine
1 l de bouillon de bœuf (ou de volaille)
1 bouquet garni
300 g d'emmental
Fines tranches de pain
10 cl de porto rouge

1 Faites suer les oignons à feu moyen pendant 20 min environ dans un faitout avec le beurre, puis faites-les colorer à feu vif. Saupoudrez de farine, mélangez et faites cuire 2 ou 3 min sans cesser de remuer. Versez ensuite le bouillon en mélangeant toujours, ajoutez le bouquet garni et portez à ébullition. Salez, poivrez et laissez cuire 30 min à feu doux.

2 Râpez la moitié de l'emmental et détaillez le reste en fines lamelles. Faites griller le pain. Disposez successivement une couche de pain, une de lamelles d'emmental, une de pain et une d'emmental râpé dans 4 bols individuels. Terminez avec une couche de pain et une de lamelles de fromage.

3 Préchauffez le four à 200 °C. Mélangez le porto au bouillon, versez dans les bols de manière à bien recouvrir le pain et enfournez. Faites mijoter pendant 10 min, puis ajoutez du bouillon et laissez gratiner 5 min. Servez brûlant.

À NOTER

C'est le Forez, une région dans le Massif central, qui a donné l'oignon aux Lyonnais. Ceux-ci en ont fait leur légume favori, le déclinant à travers de multiples préparations. La gratinée est la plus emblématique, à côté de la fondue d'oignons, servie avec une grillade de bœuf ou en accompagnement du gras-double.

CRIQUES
ardéchoises

Pour 4 personnes | Préparation : 15 min | Cuisson : 20 min par crique

INGRÉDIENTS

4 grosses pommes de terre
4 œufs
4 c. à soupe de crème fraîche
2 gousses d'ail hachées
3 c. à soupe de persil haché
120 g de beurre

1 Épluchez les pommes de terre et râpez-les à la main au-dessus d'un saladier.

2 Battez les œufs et ajoutez-les dans le saladier ainsi que la crème fraîche, l'ail et le persil. Salez, poivrez et mélangez bien le tout. Divisez la préparation en 4 parts égales.

3 Dans une petite poêle, faites fondre à feu moyen 30 g de beurre. Versez-y un quart de l'appareil et laissez cuire pendant 10 min. Retournez à l'aide d'une spatule et laissez dorer de l'autre côté. La crique doit être bien croustillante. Réservez-la au chaud.

4 Procédez de la même façon pour cuire les autres criques. Vous pouvez les servir avec des saucisses grillées et une salade verte.

SALADE
de lentilles vertes du Puy

Pour 6 personnes | Préparation : 15 min | Cuisson : 40 min

INGRÉDIENTS

50 g de jambon d'Auvergne
400 g de lentilles vertes du Puy
3 c. à soupe de graisse de canard (ou de saindoux)
1 gros oignon émincé
1 bouquet garni
250 g de lard de poitrine fumé
3 échalotes hachées

POUR LA VINAIGRETTE

1 c. à soupe de moutarde
3 c. à soupe de vinaigre de vin
9 c. à soupe d'huile de noix

1. Coupez le jambon en petits dés.
2. Rincez les lentilles. Mettez-les dans une cocotte et couvrez-les d'eau froide. Portez à ébullition, puis égouttez-les aussitôt.
3. Dans la même cocotte, chauffez la graisse choisie à feu doux. Faites revenir les dés de jambon et l'oignon émincé. Ajoutez les lentilles, 2 fois leur volume d'eau (ou suivez les indications portées sur l'emballage) et le bouquet garni. Salez légèrement et poivrez. Portez à frémissement ; l'eau doit rester frissonnante et surtout ne jamais bouillir à gros bouillons. Lorsque les lentilles sont cuites, en principe au bout de 30 min, laissez-les tiédir dans le liquide de cuisson pendant une vingtaine de minutes.
4. Coupez le lard en petits dés. Faites-les dorer dans une poêle.
5. Dans un saladier, préparez une vinaigrette avec la moutarde, le vinaigre, le poivre et l'huile de noix. Versez-y les lentilles encore tièdes ainsi que les lardons et les échalotes. Remuez et servez aussitôt.

RÔTI DE VEAU FERMIER
aux noix

Pour 4 personnes | Préparation : 20 min | Cuisson : 1 h 20

INGRÉDIENTS

2 carottes
30 g de saindoux
1 rôti de veau fermier (de 1 kg environ, de préférence dans le quasi ou la longe)
2 échalotes finement émincées
1 oignon finement émincé
20 cl de vin blanc sec
1 bouquet garni
100 g de cerneaux de noix
15 cl de crème fraîche

1 Épluchez les carottes et détaillez-les en fine brunoise (très petits dés).

2 Faites fondre le saindoux dans une cocotte, puis faites revenir le rôti, en le tournant souvent, jusqu'à ce que sa surface soit bien dorée.

3 Retirez-le et remplacez-le par les échalotes, les carottes et l'oignon. Faites revenir pendant 2 min en remuant pour les colorer très légèrement. Remettez le rôti dans la cocotte, ajoutez le vin, le bouquet garni, salez et poivrez. Couvrez et laissez mijoter pendant 1 h, en retournant le rôti de temps à autre.

4 Quand le rôti est cuit, retirez-le de la cocotte et tenez-le au chaud.

5 Passez le fond de cuisson au chinois, en écrasant au pilon les légumes, afin d'obtenir un jus bien concentré. Reversez-le dans la cocotte. Ajoutez les cerneaux de noix, que vous aurez pilés ou passés grossièrement au mixeur, ainsi que la crème fraîche. Portez à ébullition, goûtez et rectifiez l'assaisonnement.

6 Découpez le rôti en tranches. Disposez-les sur le plat de service et nappez-les avec la sauce aux noix. Servez aussitôt.

ASTUCE

Vous pouvez accompagner ce rôti de pâtes fraîches ou de riz, et, en saison, d'une fricassée de cèpes.

POULET BOURBONNAIS
au vin blanc

Pour 4 à 6 personnes | **Préparation : 30 min** | **Cuisson : 1 h 15**

INGRÉDIENTS

1,2 kg de carottes
1 poulet fermier (de 1,6 à 1,8 kg)
4 ou 5 gousses d'ail
3 c. à soupe d'huile
1 c. à soupe de beurre
2 c. à soupe de persil haché
20 cl de vin blanc
20 cl de crème fraîche liquide

1 Préchauffez le four à 180 °C. Épluchez, lavez et émincez les carottes. Salez et poivrez l'extérieur et l'intérieur du poulet après l'avoir farci avec les gousses d'ail non épluchées.

2 Dans une cocotte, faites-le revenir avec l'huile et le beurre, sans hâte et sur toutes ses faces.

3 Lorsqu'il est bien doré, enfournez la cocotte. Laissez cuire 1 h environ. Arrosez régulièrement la volaille avec son jus.

4 Faites cuire les carottes à l'eau bouillante salée pendant une vingtaine de minutes : elles doivent rester un peu fermes. Égouttez-les et réservez.

5 Lorsque le poulet est cuit, sortez-le de la cocotte et laissez-le en attente, recouvert d'une feuille d'aluminium.

6 Pour vérifier s'il est cuit, il faut l'enlever de la cocotte et l'incliner pour faire couler un peu de son jus : il est à point lorsque le jus est transparent et ne présente aucune trace de sang.

7 Faites revenir les carottes dans la cocotte. Retirez-les, saupoudrez-les de persil haché et tenez-les au chaud dans le plat de service. Jetez l'excédent de graisse de la cocotte. Mouillez avec le vin blanc et faites réduire de moitié à feu vif. Ajoutez la crème liquide, puis laissez cuire à petits bouillons jusqu'à ce que la sauce soit bien onctueuse. Rectifiez l'assaisonnement.

8 Découpez la volaille, dressez les morceaux sur le plat de service. Servez les carottes et la sauce à part.

TRUFFADE

Pour 6 personnes	Préparation : 30 min	Cuisson : 50 min

INGRÉDIENTS

400 g de tomme fraîche
1,2 kg de pommes de terre
(BF 15 ou charlotte)
200 g de lard de poitrine demi-sel
6 c. à soupe de saindoux
2 gousses d'ail hachées

1 Coupez la tomme fraîche en petites lamelles et réservez-la. Épluchez les pommes de terre et coupez-les en fines rondelles.

2 Détaillez le lard en petits lardons. Mettez-les dans une casserole avec de l'eau froide. Portez à ébullition et égouttez-les.

À NOTER

Appelée ici « truffe », la pomme de terre est reine en Auvergne : on la prépare sautée à la poêle avec un hachis de lard maigre, en galette, en gratin ou agrémentée de tomme fraîche, comme pour cette truffade.

3 Dans une grande poêle à fond épais, faites-les dorer avec 2 c. à soupe de saindoux. Réservez-les.

4 Ajoutez le reste de graisse dans la poêle. Lorsqu'elle grésille, mettez-y les pommes de terre.

5 Égalisez de façon à former une galette d'environ 4 cm d'épaisseur. Faites dorer à feu moyen, secouez la poêle de temps en temps pour éviter que les pommes de terre n'attachent. Ne remuez pas : il faut que la galette se forme.

6 Lorsque le fond est bien doré, posez un couvercle ou une assiette avec un objet lourd dessus afin d'exercer une pression sur les pommes de terre.

7 Laissez cuire très doucement pendant 30 min environ. À mi-cuisson, ajoutez les lardons et l'ail haché. Salez et poivrez.

8 Lorsque les pommes de terre sont cuites, étalez dessus les lamelles de fromage.

9 Avec une fourchette, soulevez délicatement les pommes de terre afin que le fromage pénètre bien à l'intérieur du gâteau.

10 Couvrez et laissez cuire à feu très doux, pendant 1 ou 2 min, le temps que le fromage fonde. Dès que vous entendez un léger grésillement, éteignez le feu et retournez la truffade sur un plat chaud.

POTÉE
auvergnate

Pour 8 personnes | **Préparation : 30 min** | **Cuisson : 3 h**

INGRÉDIENTS

500 g de poitrine demi-sel
1 palette de porc demi-sel
10 grains de poivre
1 oignon
2 clous de girofle
2 gousses d'ail
1 bouquet garni
800 g de carottes
800 g de pommes de terre
3 navets ou raves
4 poireaux
1 chou vert pommé
1 saucisson à cuire

1. Mettez dans un faitout la poitrine et la palette, puis couvrez d'eau. Chauffez et laissez bouillir 5 min. Retirez les viandes, égouttez-les, videz l'eau du faitout.

2. Remettez les viandes dans le faitout et recouvrez-les entièrement d'eau froide. Portez à ébullition. Écumez avant d'ajouter le poivre, l'oignon pelé et piqué des clous de girofle, l'ail épluché et le bouquet garni. Couvrez et laissez cuire à petits frémissements.

3. Pelez les carottes, les pommes de terre et les navets. Épluchez et lavez les poireaux, ficelez-les en bottes.

4. Ôtez les premières feuilles du chou, coupez-le en quatre, puis supprimez le trognon. Faites blanchir les quartiers de chou 3 min dans l'eau salée. Égouttez-les, rafraîchissez-les sous l'eau froide et réservez-les.

5. Après 1 h 30 de cuisson des viandes, ajoutez les quartiers de chou, les poireaux, les carottes et les navets ou les raves. Laissez cuire encore 1 h 30. Poivrez, ne salez qu'après avoir goûté, les viandes étant déjà salées.

6. Piquez le saucisson à cuire avec une fourchette pour éviter qu'il n'éclate. Environ 30 min avant la fin de la cuisson, ajoutez-le dans la potée ainsi que les pommes de terre. Servez viandes et légumes égouttés, disposés dans un grand plat creux.

ALIGOT

Pour 6 personnes | Préparation : 30 min | Cuisson : 40 min

INGRÉDIENTS

1 gousse d'ail
500 g de tomme fraîche de laguiole
1 kg de pommes de terre
100 g de beurre
25 à 30 cl de crème fraîche

1 Pelez et écrasez la gousse d'ail. Coupez le fromage en fines lamelles.

2 Lavez les pommes de terre soigneusement et faites-les cuire, avec leur peau, à l'eau bouillante salée, pendant 20 à 30 min. Égouttez-les, puis épluchez-les encore chaudes et passez-les au moulin à légumes à grille fine. Incorporez le beurre et la crème fraîche pour obtenir une purée épaisse mais souple. Ajoutez l'ail et salez légèrement.

3 Mettez la purée dans une cocotte et maintenez une chaleur douce. Ajoutez le fromage en une seule fois et remuez vigoureusement avec une spatule en bois, sans tourner mais en soulevant la masse par le dessous. Brassez ainsi sans cesse, avec énergie, jusqu'à ce que le mélange « file » et forme un ruban bien lisse quand on soulève la spatule. Servez aussitôt car ensuite le fromage « casse » et devient granuleux.

À NOTER

En dehors de sa région d'origine, il est peu fréquent de trouver de la tomme fraîche, irremplaçable pour préparer ce plat de terroir, que l'on coupe avec des ciseaux parfois. On peut également utiliser de la tomme fraîche de cantal.

GÂTEAU
aux noisettes

Pour 6 personnes | **Préparation : 30 min** | **Cuisson : 45 min**

INGRÉDIENTS

100 g de noisettes (fraîches de préférence)
½ paquet de levure chimique
180 g de farine
3 œufs
180 g de sucre
150 g de beurre

1 Préchauffez le four à 170 °C. Concassez les noisettes grossièrement au mixeur. Mélangez la levure avec la farine.

2 Séparez les blancs des jaunes d'œufs. Dans une terrine, fouettez les jaunes avec le sucre et le beurre ramolli mais non fondu, puis incorporez le mélange farine-levure ainsi que les noisettes concassées.

3 Battez les blancs en neige ferme avec 1 pincée de sel. Ajoutez-les au mélange en soulevant délicatement la pâte avec une spatule.

4 Beurrez un moule à manqué. Versez-y la pâte et enfournez pour 45 min.

ASTUCE

Ce gâteau est une variante du Creusois, spécialité d'Aubusson. Si les noisettes sont fraîches, plongez-les 30 secondes dans l'eau bouillante avant de les monder, puis faites-les sécher au four pendant quelques minutes, mais sans les laisser prendre couleur.

À CHAQUE RÉGION

sa p'tite douceur !

UN PETIT BISCUIT TOUT ROSE

Champagne pour **le biscuit rose de Reims**, autrefois servi pour accompagner les fameuses petites bulles, autre grande spécialité de la région. L'une de ses particularités, outre sa couleur, est qu'il est cuit deux fois, d'où son nom, « bis-cuit » ! Son rose caractéristique n'est apparu, quant à lui, que dans un second temps, avec l'ajout de carmin, un colorant végétal, supposé masquer les grains noirs de la vanille qui « tachaient » la couleur blanche du biscuit. Léger et croustillant, le biscuit rose de Reims est traditionnellement trempé dans un verre de vin, de porto ou de champagne, mais se prête également à de nombreuses autres préparations, dont notamment les gâteaux à base de biscuits trempés comme la charlotte et le tiramisu. De quoi faire voir la vie en rose à vos desserts !

UNE BRIOCHE À NE SURTOUT PAS GÂCHER

Ce qui est sûr, c'est que les vendéens n'ont pas attendu que Marie-Antoinette leur suggère de manger de la brioche pour le faire ! En effet, la tradition de **la gâche de Vendée**, sorte de viennoiserie ovale, dorée et entaillée sur le dessus, accompagne les différentes fêtes de la région (mariage, baptême, Pâques...) depuis le Moyen-âge. Depuis 2011, elle porte d'ailleurs une IGP. Fabriquée à base de beurre, elle a la particularité de contenir également de la crème fraîche qui renforce son bon goût frais et laitier. Très moelleuse, elle se déguste aussi bien nature qu'accompagnée de beurre ou de confiture.

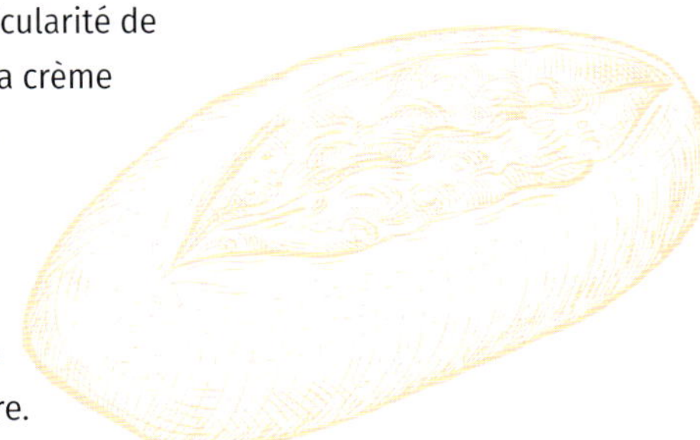

À VOS MARMITES !

La délicieuse **confiture de cerises d'Itxassou** accompagne à merveille tomme de brebis, gâteau basque (voir recette p. 186) ou tout simplement tartine de pain beurré... Pour une véritable confiture de cerises d'Itxassou, il vous faudra toutefois n'utiliser que des cerises des variétés locales du Pays-Basque : la Peloa, la Xapata et la Beltxa. La culture de ces dernières a été relancée par un groupement d'agriculteurs à la fin des années 1980 autour du village d'Itxassou, qui a depuis fait de cette confiote sa spécialité, pour le plus grand plaisir des gourmands de la région !

LE GÂTEAU QUI AVAIT SON PROPRE MUSÉE

Apparu au milieu du XIXe siècle à Cambo, **le gâteau basque** est l'une des grandes spécialités, comme vous l'aviez sans doute deviné, du Pays basque. Point de piment d'Espelette dans cette pâtisserie en forme de tarte, mais une pâte sablée aromatisée et fourrée de confiture ou de crème pâtissière (voir recette p. 186). Dans la région, le gâteau basque est devenu une telle institution qu'un musée lui est dédié à Sare, où vous pourrez découvrir ses secrets de fabrication et même participer à des ateliers de pâtisserie pour apprendre à le préparer vous-même.

UNE PETITE DOUCEUR EN FORME DE BARQUE

Pastis, savon et accent prononcé… autant de spécialités locales qui font la renommée de la cité phocéenne ! Mais connaissez-vous **la navette marseillaise** ? Ce petit biscuit sec aromatisé à la fleur d'oranger tient son nom de sa forme, une petite barque, qui représenterait la navette maritime ayant amené Marie-Madeleine, son frère Lazare et sa sœur Marthe jusqu'au Vieux-Port au Ier siècle de notre ère. La boulangerie où elle fut inventée en 1781, Le Four des navettes, est toujours en activité et accueille chaque année, à la Chandeleur, l'évêque de Marseille pour la bénédiction de ce délicieux petit gâteau. Vous seriez fada de ne pas y succomber !

LE NECTAR CORSE

La tradition apicole corse qui remonte à l'Antiquité est aujourd'hui reconnue au niveau national et européen, avec l'obtention d'une AOC et d'une AOP pour six catégories de **miels** fabriqués sur l'Île de Beauté. Cette réussite est due à l'abeille d'écotype corse, l'*apis mellifera mellifera corsica*. Véritable star des abeilles, cette dernière se distingue de ses congénères par son adaptation totale au climat de l'île, permettant une culture du miel durable, fiable et l'obtention d'un produit ultra-qualitatif. Son espèce est extrêmement protégée sur le territoire afin d'assurer sa conservation. Cette abeille a également la chance de profiter de voyages réguliers, grâce à la transhumance des apiculteurs qui déplacent les ruches au fil des saisons, afin de faire bénéficier aux miels toute la variété de la flore corse.

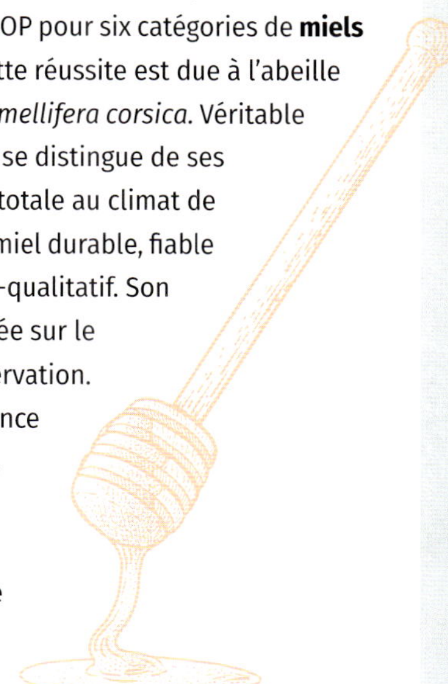

TARTE
à l'encalat

Pour 6 personnes | Préparation : 30 min | Réfrigération : 2 h | Cuisson : 55 min

INGRÉDIENTS

POUR LA PÂTE
150 g de beurre ramolli
1 c. à café de sucre
1 œuf
1 c. à soupe de lait
170 g de farine

POUR LA GARNITURE
500 g de fromage blanc en faisselle
3 œufs
100 g de sucre
1 c. à soupe d'eau de fleur d'oranger
1 zeste d'orange finement râpé (facultatif)
¼ de c. à café de sel

1 Préparez la pâte. Travaillez le beurre à la spatule jusqu'à ce qu'il soit parfaitement onctueux et prenne une consistance crémeuse. Ajoutez ensuite ¼ de c. à café de sel, le sucre, l'œuf et le lait tout en remuant. Quand le mélange est bien homogène, incorporez peu à peu la farine sans cesser d'amalgamer. Travaillez la pâte le moins longtemps possible. Ramassez-la en boule, enveloppez-la dans un film alimentaire et laissez-la reposer au moins 2 h au réfrigérateur.

2 Préchauffez le four à 200 °C. Abaissez la pâte, garnissez-en un moule à tarte de 24 cm de diamètre, beurré. Tapissez le fond d'un papier sulfurisé, recouvrez de légumes secs et enfournez pour 20 min. Sortez du four, laissez refroidir, puis retirez les légumes secs et le papier.

3 Mélangez les ingrédients de la garniture en fouettant jusqu'à obtenir un mélange bien lisse et assez liquide. Versez-le dans le fond de tarte et enfournez pour 35 min environ. Quand la garniture a la consistance d'un flan, sortez la tarte du four et laissez-la refroidir.

À NOTER

Ce dessert au lait caillé de vache est propre au nord de l'Aveyron. Dans le sud du département, on prépare la même tarte avec de la brousse de brebis et l'on y retrouve le même parfum de fleur d'oranger : c'est la flaune (ou flône), qui est de toutes les fêtes régionales.

ÉCHAUDÉS

Pour 8 à 10 personnes | Préparation : 45 min | Réfrigération : 12 h | Cuisson : 40 min

INGRÉDIENTS

500 g de farine
2 œufs
10 g d'anis
100 g de beurre
en petits morceaux
20 cl de lait tiède

1 La veille, tamisez la farine et ½ c. à café de sel, creusez un puits au centre et mettez-y les œufs, l'anis et le beurre. Mélangez avec le bout des doigts en ramenant la farine vers le centre. Ajoutez progressivement juste assez de lait pour obtenir une pâte très ferme, puis pétrissez vigoureusement environ 15 min. Roulez la pâte en boule, enveloppez-la dans un linge et laissez-la une nuit au réfrigérateur.

2 Le jour-même, abaissez la pâte sur 8 mm environ, découpez-la en triangles de 10 cm de côté. Repliez les pointes les unes sur les autres pour former de petits tricornes.

3 Jetez les échaudés, par petites quantités, dans une marmite d'eau bouillante et retirez-les avec une écumoire au fur et à mesure qu'ils remontent à la surface. Égouttez-les sur du papier absorbant, rangez-les sur une ou plusieurs plaques à pâtisserie recouvertes de papier sulfurisé.

4 Préchauffez le four à 220 °C. Enfournez les échaudés pour 20 min environ : ils doivent être juste dorés. Laissez-les refroidir et conservez-les dans un récipient hermétique.

EST
et Massif alpin

QUICHE *lorraine*

Pour 4 à 6 personnes | Préparation : 25 min | Réfrigération : 30 min | Cuisson : 45 à 50 min

INGRÉDIENTS

200 g de lardons fumés
5 œufs
40 cl de crème fraîche
Noix de muscade

POUR LA PÂTE BRISÉE

150 g de beurre mou
225 g de farine tamisée

1 Préparez la pâte brisée. Coupez le beurre en très petits morceaux. Versez la farine dans un saladier, creusez un puits au milieu et ajoutez 2 pincées de sel, puis le beurre. Assemblez rapidement les ingrédients en effritant le mélange du bout des doigts. Versez juste assez d'eau (1 c. à soupe à la fois, environ 8 au total) pour amalgamer l'ensemble, puis travaillez rapidement la pâte jusqu'à ce qu'elle soit bien souple.

2 Étalez-la sur le plan de travail fariné en l'écrasant et en la repoussant avec la paume de la main mais sans trop la pétrir. Rassemblez-la, formez une boule et aplatissez-la. Enveloppez-la d'un film alimentaire et laissez-la reposer 30 min au réfrigérateur.

3 Préchauffez le four à 200 °C. Tapissez de papier sulfurisé une tourtière de 26 cm de diamètre.

4 Étalez la pâte sur 4 mm d'épaisseur et foncez-en la tourtière. Piquez le fond avec une fourchette, tapissez-le de papier sulfurisé, mettez-y des haricots secs. Faites précuire la pâte pendant 10 min. Laissez refroidir.

5 Faites rissoler les lardons très légèrement dans une poêle antiadhésive, puis égouttez-les. Répartissez-les sur le fond de pâte.

6 Battez les œufs en omelette avec la crème fraîche. Salez et poivrez le mélange, râpez un peu de muscade, puis versez-le sur les lardons.

7 Enfournez pour 35 à 40 min. Servez la quiche chaude, avec de la salade verte.

FLAMMENKÜCHE

Pour 4 personnes (2 tartes) | Préparation : 30 min | Réfrigération : 1 h | Cuisson : 15 à 20 min

INGRÉDIENTS

2 oignons moyens finement émincés
2 ou 3 c. à soupe d'huile d'arachide
200 g de lard fumé
20 cl de crème fraîche

POUR LA PÂTE

400 g de farine
10 g de levure de boulanger
5 c. à soupe d'huile d'arachide

1 Préparez la pâte à pain. Tamisez la farine en puits avec 1 pincée de sel et la levure. Versez l'huile et 20 cl d'eau au milieu, puis mélangez en ramenant peu à peu la farine vers le centre. Pétrissez pendant quelques minutes jusqu'à ce que la pâte soit lisse et souple se décolle bien des doigts. Couvrez avec un linge et laissez reposer au réfrigérateur pendant 1 h.

2 Faites fondre les oignons doucement à la poêle avec l'huile jusqu'à ce qu'ils deviennent transparents. Après avoir ôté la couenne, détaillez le lard en petits dés. Mettez ces lardons dans l'eau froide, portez à ébullition, puis égouttez-les.

3 Préchauffez le four à 240 °C. Divisez la pâte en deux, étalez-la le plus finement possible en deux disques et posez chacun sur une plaque recouverte de papier sulfurisé en l'enroulant autour d'un rouleau à pâtisserie pour le soulever. Humectez le tour, relevez les bords et enroulez-les pour former un bourrelet très plat tout autour. Piquez chaque pâte avec une fourchette, étalez la moitié de la crème fraîche dessus, puis répartissez la moitié des oignons et des lardons sur chaque tarte. Enfournez pour 10 à 15 min.

ASTUCE

Flammenküche signifie littéralement « tarte à la flamme ». Les vraies tartes flambées sont cuites dans un four à pain et dégustées brûlantes dans les Winstubs. Pour les réussir chez vous, il faut étaler la pâte le plus finement possible (elle doit être presque transparente) et chauffer le four au maximum.

RÔTI DE PORC
aux quetsches

Pour 6 personnes | Préparation : 30 min | Cuisson : 1 h 15

INGRÉDIENTS

1,5 kg d'échine de porc
50 g de beurre
1 chou vert
50 g de saindoux
1 kg de quetsches
50 g de cassonade

1 Préchauffez le four à 180 °C. Posez l'échine dans un plat à four largement beurré, salez et poivrez. Répartissez sur la viande le reste de beurre coupé en petits morceaux et enfournez pour 1 h 15. À mi-cuisson, couvrez avec une feuille d'aluminium.

2 Parez le chou et coupez-le en quartiers. Faites-le blanchir pendant 5 min à l'eau bouillante légèrement salée, puis égouttez-le. Laissez-le cuire à feu doux dans une cocotte avec le saindoux pendant environ 20 min, d'abord à couvert, puis en retirant le couvercle à mi-cuisson pour permettre l'évaporation du liquide.

3 Lavez les quetsches et dénoyautez-les. Faites fondre la cassonade avec 20 cl d'eau dans une casserole, ajoutez les quetsches et faites-les cuire doucement jusqu'à ce qu'elles soient bien confites sans se défaire.

4 Coupez le rôti en tranches, disposez-le sur un plat chaud et répartissez les quetsches et le chou tout autour. Servez aussitôt.

ASTUCE

Cette recette à l'aigre-doux est d'influence germanique. Si vous souhaitez un rôti un peu plus sucré, saupoudrez-le de cassonade avant de le mettre au four, le sucre caramélisera la surface de la viande.

BAEKENOFE

Pour 6 à 8 personnes | Préparation : 20 min | Marinade : 12 h | Cuisson : 4 h

INGRÉDIENTS

500 g d'épaule de mouton
500 g d'épaule de porc
500 g de bœuf à braiser (gîte ou paleron)
5 gros oignons
3 clous de girofle
2 gousses d'ail
50 cl de vin blanc d'Alsace
1 bouquet garni
200 g de farine
1 kg de pommes de terre
30 g de saindoux

1 La veille, coupez les viandes en gros cubes. Épluchez 2 oignons, piquez-en un avec des clous de girofle et coupez l'autre en fines rondelles. Épluchez et écrasez l'ail. Mettez tous ces ingrédients dans un plat creux avec le vin, le bouquet garni, un peu de sel et du poivre. Laissez mariner 12 h au réfrigérateur.

2 Le jour même, versez la farine dans un bol, ajoutez 10 cl d'eau et mélangez pour obtenir une pâte lisse.

3 Préchauffez le four à 160 °C. Épluchez et coupez en rondelles les pommes de terre et 3 oignons.

4 Graissez une cocotte avec le saindoux, puis mettez-y une couche de pommes de terre, une couche de viandes mélangées, une couche d'oignons et recommencez jusqu'à épuisement des ingrédients. Salez et poivrez chaque couche au fur et à mesure que vous les empilez. Terminez par une couche de pommes de terre.

5 Retirez le bouquet garni et l'oignon piqué de girofle de la marinade, puis versez celle-ci dans la cocotte. Le liquide doit affleurer la dernière couche, sinon, ajoutez un peu d'eau.

6 Roulez la pâte à la farine en un boudin. Posez le couvercle sur la cocotte et soudez-le avec le ruban de pâte (il s'agit d'empêcher la vapeur de s'échapper pendant la cuisson).

7 Enfournez pour 4 h. Servez dans le plat de cuisson.

ASTUCE

Servez le baekenofe avec une belle salade verte, et terminez le repas avec une salade de fruits frais.

CHOUCROUTE

Pour 6 personnes	Préparation : 30 min	Cuisson : 1 h 40

INGRÉDIENTS

4 ou 5 grains de coriandre
1 clou de girofle
1,5 kg de choucroute crue
400 g de poitrine fumée
600 g de collier de porc
1 jarret de porc salé
2 oignons émincés
1 gousse d'ail
80 g de graisse d'oie
(ou de saindoux)
10 baies de genièvre
1 feuille de laurier
30 cl de vin blanc d'Alsace
(riesling ou pinot blanc)
6 pommes de terre
6 saucisses de Strasbourg
3 saucisses de
Montbéliard fumées

1 Lavez plusieurs fois la choucroute à l'eau froide, égouttez-la, puis pressez-la pour en extraire toute l'eau.

2 Enveloppez les grains de coriandre et le clou de girofle dans un petit carré de mousseline pour pouvoir les retirer facilement au moment de servir.

3 Faites cuire les viandes. Mettez d'abord le jarret dans une casserole d'eau froide et portez à ébullition. Laissez mijoter à petits frémissements 30 à 40 min, puis ajoutez les autres viandes. Poursuivez la cuisson 1 h, toujours à feu doux. Laissez les viandes dans leur bouillon.

4 Préchauffez le four à 180 °C. Faites revenir les oignons et l'ail écrasé dans une grande cocotte avec la graisse d'oie.

5 Ajoutez la choucroute, les baies de genièvre, le laurier et les épices. Mouillez avec le vin blanc et une partie du bouillon de cuisson des viandes. Salez légèrement et démarrez la cuisson sur le feu. Couvrez et enfournez 1 h 30 en rajoutant du liquide de temps en temps si l'évaporation est trop rapide.

6 Pendant ce temps, faites cuire les pommes de terre dans leur peau, à l'eau bouillante salée, pendant 20 à 30 min selon leur taille.

7 Quelques minutes avant la fin de la cuisson de la choucroute, pochez les saucisses dans une casserole d'eau chaude sans faire bouillir pour qu'elles n'éclatent pas. Faites doucement réchauffer les viandes dans ce qui reste de leur bouillon de cuisson.

8 Sortez la cocotte du four, goûtez et rectifiez l'assaisonnement. Dressez la choucroute et les viandes sur un grand plat chaud. Servez avec les pommes de terre.

COQ AU VIN JAUNE
et aux morilles

Pour 8 personnes | Préparation : 30 min | Cuisson : 55 min

INGRÉDIENTS

1 jeune coq de Bresse
(de 2 kg environ)
300 g de morilles fraîches
3 c. à soupe de farine
60 g de beurre
30 cl de vin jaune
75 cl de crème fraîche

1. Coupez la volaille en huit morceaux. Ôtez le bout terreux des champignons et nettoyez ces derniers avec soin.

2. Préchauffez le four à 180 °C. Salez, poivrez et farinez légèrement chaque morceau de coq. Faites-les revenir de tous côtés dans une cocotte avec le beurre sans les laisser prendre couleur. Couvrez et enfournez pour 40 min environ.

3. Sortez la cocotte du four, videz la graisse de cuisson et déglacez avec le vin jaune. Incorporez la crème, mélangez bien en retournant plusieurs fois les morceaux de volaille, puis ajoutez les morilles. Mettez la cocotte sur le feu et laissez cuire doucement, sans couvrir, jusqu'à ce que la sauce épaississe et nappe la cuillère. Goûtez et rectifiez l'assaisonnement. Disposez les morceaux de coq et les morilles dans un plat chaud, puis versez la sauce. Servez aussitôt.

ASTUCE

Les profondes alvéoles des morilles demandent à être nettoyées avec un soin particulier pour enlever tout le sable qui pourrait s'y trouver. Faites-le avec un petit pinceau pour n'avoir à les rincer qu'un minimum ; vous préserverez ainsi au mieux leur parfum délicat.

CUISSES DE GRENOUILLE

de la Dombes sautées

Pour 4 personnes | Préparation : 20 min | Trempage : 1 h | Cuisson : 6 à 8 min

INGRÉDIENTS

4 douzaines de cuisses de grenouille
Vinaigre blanc
Lait
1 gousse d'ail finement hachée
2 c. à soupe de persil plat ciselé
Farine
300 g de beurre

1 Coupez l'extrémité des pattes de grenouille au ciseau. Rincez les cuisses de grenouille à l'eau vinaigrée, puis faites-les tremper 1 h dans un saladier rempli de lait. Égouttez-les et épongez-les avec soin. Mélangez l'ail et le persil.

2 Passez les cuisses de grenouille dans la farine et essuyez-les délicatement ; la farine doit former une couche fine.

3 Posez 2 grandes poêles sur un feu vif. Faites fondre 100 g de beurre dans chacune et mettez-y les cuisses en les répartissant bien. Salez et poivrez. Dès qu'elles commencent à dorer, retournez-les l'une après l'autre et baissez le feu. Poursuivez la cuisson à feu doux pour faire dorer l'autre côté.

4 Disposez les cuisses de grenouille sur un plat chaud et versez le beurre de cuisson dessus. Faites fondre le reste de beurre à feu doux et versez-le également dans le plat dès qu'il commence à mousser. Parsemez de persillade et servez aussitôt.

ASTUCE

Cette préparation très simple est néanmoins délicate ; la cuisson nécessite beaucoup d'attention. La chair des grenouilles ne doit pas se dessécher et le beurre ne doit pas noircir. Il est préférable d'utiliser du beurre clarifié.

FONDUE
comtoise

Pour 4 personnes | Préparation : 10 min | Cuisson : 15 min

INGRÉDIENTS

1 gousse d'ail
400 g de comté
400 g d'emmental
10 g de fécule
3 ou 4 c. à soupe de kirsch
Pain de campagne
40 cl de vin blanc sec
(chardonnay d'Arbois)

1 Épluchez la gousse d'ail et frottez-en l'intérieur d'un poêlon à fondue. Coupez le comté et l'emmental en fines lamelles. Délayez la fécule dans le kirsch. Coupez le pain en petits cubes.

2 Versez le vin dans le poêlon et mettez à chauffer doucement. Dès qu'il commence à mousser (il doit être chaud mais non bouillant), jetez-y les lamelles de fromage en remuant sans arrêt avec une cuillère en bois. Quand il est bien fondu, ajoutez le kirsch et mélangez bien. Donnez quelques tours de moulin à poivre.

3 Posez le poêlon sur le réchaud à fondue placé au centre de la table et maintenez une chaleur douce. Servez les cubes de pain en même temps ; chacun les piquera au bout de sa fourchette à fondue et les trempera dans le fromage en tournant pour éviter les fils.

À NOTER

Les Comtois ont adopté l'emmental des Suisses et la fondue a suivi tout naturellement ; mais, ici, on y met aussi du comté et, bien sûr, du vin d'Arbois.

DES FROMAGES
au doux parfum du coin !

BIENVENUE À CAMEMBERT

La Normandie est célèbre pour ses fromages à pâte molle, comme le neufchâtel ou le pont-l'évêque, mais le plus connu d'entre eux est **le camembert de Normandie**. Il se distingue des autres camemberts par son AOC et son AOP, qui encadrent son procédé de fabrication selon un cahier des charges précis. Uniquement élaboré avec du lait de vache cru normand sélectionné, il doit être moulé à la louche et à la main sur table. Cinq louchées espacées chacune de 40 à 50 minutes sont nécessaires pour obtenir un camembert de Normandie, et ce dernier doit également répondre à une aire de fabrication bien définie, s'étendant sur un peu plus de 1 500 communes des départements de l'Orne, du Calvados, de la Manche et une partie de l'Eure. Autant de détails de production qui le rendent gustativement au-dessus de ses cousins non labelisés : quand vous l'aurez goûté, vous ne pourrez plus que dire « pouêt pouêt camembert » aux autres !

FAITES DU BRUIT POUR LE BRIE !

Le brie de Meaux est un fromage français à pâte molle et à croûte fleurie, fabriqué à partir de lait de vache cru, généralement de la race française laitière de la région Île-de-France. Originaire de la ville de Meaux, située à une cinquantaine de kilomètres à l'est de Paris, il est considéré comme l'un des fromages les plus emblématiques de France. Il est protégé par une appellation d'origine contrôlée (AOC) depuis 1980 : ainsi seuls les fromages produits dans la région de Meaux et suivant des méthodes de production spécifiques peuvent être appelés comme tel, garantissant l'authenticité et la qualité supérieure de ce produit qui fera sans nul doute brie-ller votre plateau de fromage !

VOUS PRENDREZ BIEN DU FROMAGE AU PETIT-DÉJ' ?

S'il est vrai que **le maroilles** peut traditionnellement être dégusté dans les régions du Nord de la France dès le réveil, étalé sur du pain et trempé dans un bol de chicorée, vous ne serez pas obligé d'en passer par cette intimidante coutume pour l'apprécier. Originaire de la Thiérache, il se présente comme un pavé à pâte molle, recouvert d'une croûte rouge-orangée. Outre cette fameuse collation matinale, on le retrouve dans bon nombre de préparation de la région Nord, comme la flamiche, la goyère ou encore en variante du welsh initialement préparé au cheddar. Son odeur très forte accompagne un goût corsé qui saura bien s'accommoder d'une bière des Flandres si, bien sûr, vous êtes plus apéritif que petit déjeuner !

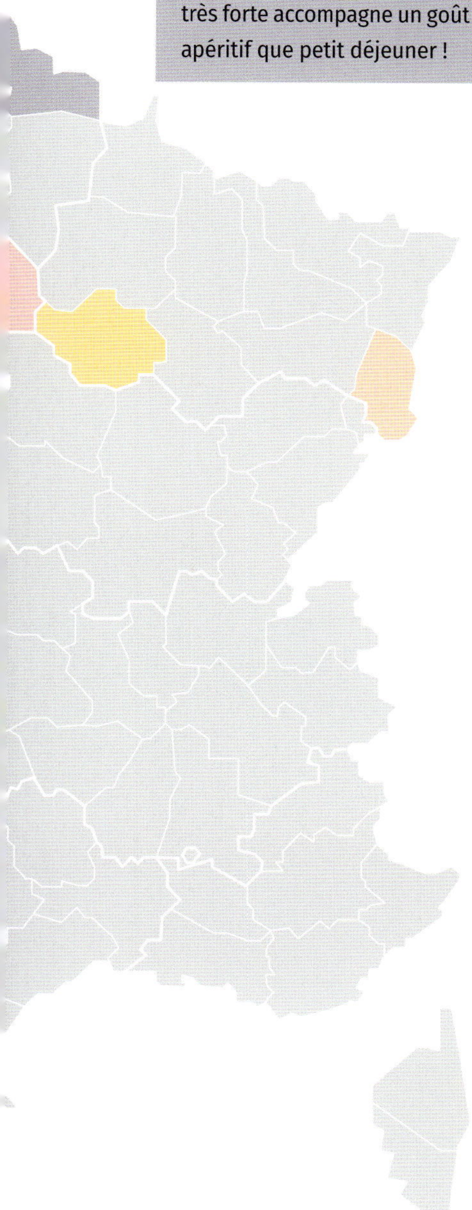

LE CHAOURCE, CHA-DORE !

Le chaource est un fromage de vache AOC qui doit son nom à un bourg de la Champagne. Sa texture est crémeuse et fondante, et sa saveur douce, fruitée et légèrement acidulée. Sa croûte, quant à elle, est blanche et pigmentée des petites taches rouges. Il se présente sous la forme cylindrique de petits tonneaux, due aux moules traditionnels dans lesquels il est fabriqué – quelle meilleure excuse pour l'accompagner d'un bon canon champenois ?

UNE SPÉCIALITÉ ALSACIENNE… ODORANTE

On ne va pas se mentir, **le munster**, ou munster-géromé, est d'assez loin le fromage à l'odeur la plus forte et typée du territoire français, pour rester poli. Toutefois, si vous réussissez à passer outre ce détail olfactif, vous vous retrouverez alléché par son goût intense et légèrement salé ainsi que sa texture crémeuse et fondante, qui valent vraiment la peine d'arrêter de respirer quelques instants. Comme beaucoup de fromages français, le munster est protégé par une appellation d'origine contrôlée (AOC), qui lui garantit des méthodes de fabrications traditionnelles spécifiques ainsi qu'un goût unique et authentique. Si vous cherchez une expérience gustative forte et mémorable, dans tous les cinq sens du terme, vous savez maintenant vers quel fromage vous tourner !

TARTIFLETTE
savoyarde

Pour 4 personnes | Préparation : 30 min | Cuisson : 50 min

INGRÉDIENTS

600 g de pommes de terre
250 g de reblochon fermier
1 c. à soupe d'huile d'arachide
200 g de lardons fumés
1 oignon émincé
30 cl de crème liquide

1 Épluchez et lavez les pommes de terre. Faites-les cuire 20 min dans de l'eau salée. Égouttez-les, rafraîchissez-les sous l'eau froide, puis coupez-les en tranches.

2 Coupez le reblochon en deux dans l'épaisseur.

3 Dans une poêle, mettez à chauffer l'huile et faites-y saisir les lardons.

4 Préchauffez le four à 180 °C. Répartissez les tranches de pomme de terre, les lardons et l'oignon en couches dans un grand plat à gratin. Recouvrez toute la surface avec les trois quarts du reblochon posé croûte vers le bas.

5 Dans une casserole, faites chauffer la crème avec le reste du reblochon, à feu doux. Mélangez soigneusement pour faire fondre le fromage, puis versez la crème au reblochon dans le plat.

6 Enfournez pour 25 à 30 min. Servez aussitôt, avec une salade verte.

ASTUCE

Vous pouvez faire fondre les oignons avec les lardons dans une poêle pendant 5 min pour les faire légèrement colorer. La Savoie est sans doute la province de France qui possède le plus de recettes utilisant les pommes de terre ou « tartifles », comme on les appelle ici.

CROZETS

Pour 6 personnes | Préparation : 30 min | Cuisson : 40 min

INGRÉDIENTS

3 pommes de terre moyennes
300 g de farine de froment
200 g de farine de sarrasin
4 œufs
1 c. à café d'huile de noix
Beurre

1 La veille, faites cuire les pommes de terre avec leur peau pendant 30 min environ, puis égouttez-les et réservez-les.

2 Le jour même, pelez-les et passez-les au moulin à légumes à grille fine. Mettez cette purée dans un saladier avec les farines et mélangez bien. Incorporez les œufs l'un après l'autre sans cesser de travailler la pâte, puis ajoutez juste assez d'eau pour qu'elle soit homogène mais très épaisse. Ajoutez l'huile de noix et pétrissez jusqu'à ce que la pâte soit bien souple.

3 Si la quantité de pâte est trop importante, partagez-la en 2 ou 3 morceaux. Étalez-la en grands rectangles de 3 ou 4 mm d'épaisseur et coupez ceux-ci en lanières d'environ 8 mm de large. Recoupez ces lanières en petits carrés.

4 Faites cuire les crozets comme des pâtes, en les plongeant pendant 10 min dans une grande quantité d'eau bouillante salée. Égouttez-les, puis servez-les dans un plat creux avec un gros morceau de beurre.

ASTUCE

Quand ils n'accompagnent pas un plat de viande, les crozets sont fréquemment préparés en gratin. Dans un plat beurré, alternez des couches de crozets et du fromage râpé, versez une louche de bouillon et mettez à four moyen jusqu'à ce que la surface dore.

GRATIN
dauphinois

Pour 4 à 6 personnes | Préparation : 15 min | Cuisson : 50 min

INGRÉDIENTS

1 kg de pommes de terre à chair ferme
2 gousses d'ail
80 g de beurre
150 g d'emmental râpé
Noix de muscade
50 cl de lait
25 cl de crème fraîche épaisse

1 Épluchez les pommes de terre et coupez-les en fines rondelles. Pelez les gousses d'ail.

2 Préchauffez le four à 220 °C. Frottez un plat à gratin avec l'ail, puis beurrez-le généreusement.

3 Disposez les pommes de terre en couches régulières dans le plat en recouvrant chaque étage d'emmental râpé, d'un peu de sel, de poivre et de noix de muscade râpée.

4 Portez à ébullition le lait avec la crème fraîche épaisse dans une casserole. Ajoutez un peu de sel.

5 Versez ce mélange sur les pommes de terre, puis parsemez de noisettes de beurre. Enfournez pour 50 min. Servez brûlant.

À NOTER

Le « vrai » gratin dauphinois ne comporte ni œuf, ni fromage, seulement des pommes de terre, du lait et de la crème fraîche. Le gratin savoyard, lui, est toujours préparé avec du beaufort et souvent avec du lard mais sans crème ni œuf ; en outre, les pommes de terre sont cuites au bouillon.

SPÄTZLES
au beurre noisette

Pour 6 personnes | Préparation : 15 min | Réfrigération : 1 h | Cuisson : 15 min

INGRÉDIENTS

4 gros œufs (ou 5 petits)
1 pincée de noix de muscade
250 g de farine
1 c. à soupe de semoule
1 c. à soupe d'huile
60 g de beurre

1 Dans un saladier, battez les œufs en omelette avec 1 pincée de sel, la muscade et 5 cl d'eau. Versez peu à peu la farine et la semoule en travaillant avec une spatule jusqu'à l'obtention d'une pâte homogène assez molle. Laissez reposer au réfrigérateur 1 h minimum.

2 Dans une grande marmite, portez à ébullition 5 litres d'eau salée avec l'huile. Maintenez une passoire à gros trous au-dessus, versez la pâte dedans et pressez légèrement avec une cuillère en bois pour la faire tomber dans l'eau bouillante.

3 Les spätzles sont cuits dès qu'ils remontent à la surface : sortez-les au fur et à mesure avec une écumoire, égouttez-les, posez-les sur un papier absorbant, puis dans un plat chaud.

4 En même temps, faites fondre le beurre dans une poêle. Quand il devient doré et commence à sentir la noisette, versez-le sur les spätzles et servez.

STRUDEL
aux pommes

Pour 8 à 10 personnes | Préparation : 50 min | Repos : 2 h | Cuisson : 35 min

INGRÉDIENTS

POUR LA PÂTE
300 g de farine
1 jaune d'œuf
2 ou 3 c. à soupe d'huile

POUR LA GARNITURE
700 g de pommes à cuire
160 g de beurre fondu
150 g de vergeoise blonde
150 g de raisins secs
40 g de chapelure
100 g de cerneaux de noix grillés et hachés
1 c. à café de cannelle

1 Préparez la pâte. Tamisez la farine dans un saladier. Délayez 1 c. à café de sel et le jaune d'œuf dans 20 cl d'eau tiédie, versez le mélange et l'huile au centre de la farine et incorporez rapidement pour obtenir une boule de pâte molle. Pétrissez ensuite sur le plan de travail légèrement fariné jusqu'à ce que la pâte soit lisse et élastique. Couvrez-la et laissez-la reposer 2 h.

2 Épluchez les pommes, épépinez-les et coupez-les en petits dés. Faites-les revenir à la poêle avec 100 g de beurre, puis ajoutez les autres ingrédients de la garniture, sauf le reste de beurre, et laissez refroidir.

3 Commencez à étaler la pâte au rouleau, puis posez-la sur un grand torchon fariné. Étirez-la ensuite avec les doigts en glissant les mains à plat dessous et en allant du centre vers les bords pour qu'elle soit extrêmement fine : on doit voir les mains à travers. Coupez les bords régulièrement pour obtenir un grand rectangle et enduisez-le avec la moitié du beurre restant.

4 Étalez la garniture sur la pâte jusqu'à 3 cm des bords, puis enroulez le strudel dans le sens de la longueur en vous aidant du torchon pour soulever le côté long du rectangle de pâte et former le rouleau.

5 Préchauffez le four à 190 °C. Beurrez une plaque à pâtisserie. Posez délicatement le strudel sur la plaque, en recourbant les deux bouts s'il est très long et en mettant la jointure en dessous. Badigeonnez la surface avec le reste de beurre fondu et enfournez pour 35 min environ.

LA LOIRE NE SE PAYE PAS NOTRE POIRE !

L'Anjou et le Maine, régions historiques de production de fruits, figurent toujours en tête de la production nationale, avec un verger s'étendant sur plus de 9 000 hectares ! Parmi les variétés emblématiques de la région, on retrouve une grande majorité de fruits à pépins dont plusieurs sortes de pommes, de la Granny Smith à la Reine des reinettes en passant par la Jonagold. La poire est également un fruit originaire de ce terroir, avec la fondante comice, la juteuse Williams ou encore la douce Conférence.

LES BONS FRUITS

du verger

L'ABRICOT ROUGE À TACHES DE ROUSSEUR DU ROUSSILLON

On le reconnaît sur les marchés estivaux grâce à sa couleur rouge et les petites taches qui parsèment sa peau. À cause de ces dernières, il a d'ailleurs longtemps été boudé par les consommateurs, alors même qu'il est l'une des variétés d'abricots les plus parfumées et savoureuses ! Comme le pêcher, l'abricotier poussait à l'origine dans les vignes. Cultivé aujourd'hui en verger, l'abricot rouge du Roussillon représente la moitié de la production régionale. Il se consomme cru aux mois de juillet et août mais peut aussi être conservé en bocal, ou sous forme de jus et de liqueurs... de quoi nous mettre l'abricot en folie toute l'année !

LA POMME DORÉE DU LIMOUSIN

Depuis l'antiquité, le Limousin est un berceau de pommiers en France. Mais la pomme limousine connaît réellement son heure de gloire à partir de 1950 et de l'arrivée de celle que l'on ne présente plus : la Golden. Croquante et juteuse, elle est teintée d'une jolie couleur rosée, due à l'alternance des journées ensoleillées des nuits froides des plateaux du Limousin et d'une partie de la Dordogne, où elle est cultivée. En 2005, cette Golden est devenue l'unique pomme française à recevoir l'AOC. Autant de bonnes raisons de succomber à la tentation et de la croquer à pleines dents !

L'ANANAS BOUTEILLE DE GUADELOUPE

Cette variété d'ananas, exclusivement cultivée en Guadeloupe, ne tient pas son nom du fait qu'elle s'intègre parfaitement dans la préparation d'un bon rhum arrangé, mais de sa forme allongée caractéristique ! Dans les commerces et marchés locaux, on le retrouve également sous le petit nom de « z'annana » ou encore de « pain de sucre ». Cultivé au nord de Basse-Terre, il est très sucré et se consomme traditionnellement frais, nature ou servi dans du vin.

LES BELLES DE PLOUGASTEL

Au XVIIIe siècle, alors qu'on savait déjà cultiver la fraise des bois, l'explorateur Antoine Amédée Frézier (un nom prédestiné !), importa du Chili des plants de fraisiers et s'installa à Brest. La région de Plougastel se consacra progressivement à la culture de ce fruit fragile, qui atteignit son apogée vers 1950. S'il n'existe pas une variété spécifique de fraise à Plougastel-Daoulas, on y cultive aujourd'hui plusieurs variétés – dont la célèbre gariguette – que l'on récolte à partir du mois d'avril.

KOUGLOF

Pour 6 personnes | Préparation : 45 min | Repos : 1 h 30 | Cuisson : 45 min

INGRÉDIENTS

100 g de raisins secs
2 c. à soupe de kirsch
20 g de levure de boulanger
20 cl de lait
500 g de farine
2 œufs
100 g de sucre
150 g de beurre ramolli
2 c. à soupe d'amandes effilées
Sucre glace

1 Faites tremper les raisins secs dans un bol avec le kirsch. Préparez un levain. Délayez la levure dans la moitié du lait tiédi, ajoutez 50 g de farine, mélangez bien et laissez reposer dans un endroit tiède jusqu'à ce que cette pâte double de volume.

2 Tamisez le reste de farine en puits dans un grand saladier. Mettez au centre le levain et les œufs battus, le reste de lait, le sucre et 1 grosse pincée de sel. Mélangez le tout et pétrissez la pâte pendant environ 15 min. Incorporez le beurre et travaillez encore la pâte jusqu'à ce qu'elle se détache des doigts. Ajoutez enfin les raisins et mélangez bien. Couvrez avec un linge et laissez reposer pendant 1 h.

3 Préchauffez le four à 180 °C. Beurrez largement un moule à kouglof et répartissez les amandes dans les cannelures. Pétrissez à nouveau la pâte, mettez-la dans le moule et laissez reposer dans un endroit tiède jusqu'à ce qu'elle le remplisse largement. Enfournez pour 45 min environ, en couvrant éventuellement avec une feuille d'aluminium si la surface prend trop vite couleur. Laissez refroidir sur une grille, démoulez et saupoudrez largement de sucre glace.

MADELEINES

Pour environ 25 madeleines | Préparation : 20 min | Réfrigération : 30 min | Cuisson : 8 à 10 min

INGRÉDIENTS

120 g de beurre
3 œufs
130 g de sucre
150 g de farine
5 g de levure chimique

1 Faites fondre le beurre et laissez-le tiédir. Cassez les œufs dans un saladier et fouettez-les longuement avec le sucre et 1 pincée de sel jusqu'à ce qu'ils blanchissent et deviennent mousseux.

2 Ajoutez alors la farine tamisée, la levure et le beurre fondu. Quand la pâte est bien homogène, mettez-la au réfrigérateur et laissez-la reposer pendant 30 min.

3 Préchauffez le four à 220 °C. Beurrez et farinez les moules ou les plaques à madeleines. Remplissez-les aux deux tiers et enfournez pour 8 à 10 min en surveillant la coloration des gâteaux : ils sont cuits quand le tour est bien doré. Démoulez et laissez refroidir sur une grille.

BASSIN *méditerranéen*

GRAND *aïoli*

Pour 6 personnes | Préparation : 1 h | Dessalage : 12 h | Cuisson : 30 à 40 min

INGRÉDIENTS

6 filets de morue (de 150 g chacun)
2 bottes de petites carottes fines
2 bottes de navets à longues fanes
3 gros artichauts (ou 6 artichauts poivrades)
1 chou-fleur moyen
6 pommes de terre moyennes
6 œufs
1 l de moules
5 cl de vin blanc sec
1 échalote ciselée
2 betteraves cuites

POUR L'AÏOLI

10 à 12 gousses d'ail
3 jaunes d'œufs
75 cl d'huile d'olive

1 La veille, mettez les filets de morue à dessaler dans un grand récipient d'eau fraîche. Changez l'eau 2 ou 3 fois.

2 Le jour même, épluchez les carottes et les navets. Cassez la queue des artichauts. Parez le chou-fleur. Lavez tous ces légumes, y compris les pommes de terre (ne les épluchez pas).

3 Mettez tous les légumes à cuire séparément dans de l'eau bouillante salée : 10 à 15 min pour les carottes et les navets, 20 à 30 min pour les artichauts (15 min s'ils sont petits), 12 à 15 min pour le chou-fleur, 20 min pour les pommes de terre. Faites durcir les œufs. Nettoyez les moules et réservez-les.

4 Préparez l'aïoli. Épluchez l'ail, mettez-le dans un mortier et pilez-le avec 3 ou 4 pincées de sel. Ajoutez les jaunes d'œufs et mélangez pendant 2 min environ.

5 Laissez reposer 5 min. Versez l'huile d'olive goutte à goutte d'abord, en filet ensuite, en tournant avec une cuillère en bois toujours dans le même sens. Poivrez éventuellement. L'aïoli doit être très ferme.

6 Faites chauffer de l'eau et plongez-y, avant qu'elle ne bouille, les filets de morue pendant 3 ou 4 min en conservant de légers frémissements. Égouttez-les bien et mettez-les sur le plat de service ; gardez l'eau de cuisson. Mettez les moules dans une casserole, ajoutez le vin et l'échalote ciselée. Couvrez et faites cuire en remuant de temps à autre. Dès que les moules sont ouvertes, jetez le jus de cuisson et réservez-les.

7 Égouttez tous les légumes et disposez-les sur le plat de service, ainsi que les betteraves que vous aurez réchauffées. Si vous avez utilisé des gros artichauts, coupez-les en deux. Ajoutez les œufs durs et les moules dont vous aurez retiré une valve. Servez l'aïoli à part.

SALADE *niçoise*

Pour 4 à 6 personnes | Préparation : 40 min | Cuisson : 10 min

INGRÉDIENTS

5 œufs
1 petite laitue
6 à 8 tomates
1 botte d'oignons nouveaux
12 à 18 filets d'anchois salés
1 poivron
3 branches de céleri
1 citron
3 ou 4 fonds d'artichauts violets
2 c. à soupe de vinaigre de vin blanc
5 c. à soupe d'huile d'olive
1 boîte de thon à l'huile (ou au naturel)
100 g de petites olives noires de Nice

1 Faites durcir les œufs pendant 10 min à l'eau bouillante.

2 Lavez la laitue, épongez les feuilles. Coupez les tomates en quartiers. Épluchez les oignons et hachez un peu de vert de la queue (la partie proche de l'oignon).

3 Dessalez les anchois sous le robinet. Coupez le poivron en fines lanières. Lavez les branches de céleri et coupez-les en tout petits dés. Citronnez les fonds d'artichaut et coupez-les en lamelles. Rafraîchissez et écalez les œufs, puis coupez-les en quartiers.

4 Préparez la vinaigrette avec le vinaigre, l'huile, du sel et du poivre.

5 Dans un grand plat creux, disposez quelques feuilles de salade, puis un peu de tomates, des tranches d'artichaut, des lanières de poivron, des miettes de thon, quelques oignons, 2 ou 3 pincées de céleri et de queue d'oignon hachée. Continuez ainsi jusqu'à épuisement des ingrédients.

6 Versez la vinaigrette sur la salade et remuez-la. Disposez les quartiers d'œuf et les anchois par-dessus. Décorez avec les olives.

PISSALADIÈRE

Pour 4 à 6 personnes | Préparation : 15 min | Repos : 1 h | Cuisson : 45 min

INGRÉDIENTS

500 g de pâte à pain
(chez votre boulanger)
12 cl d'huile d'olive
3 gousses d'ail
1 kg d'oignons émincés
1 branche de thym
½ feuille de laurier
1 c. à soupe de câpres
25 filets d'anchois salés
20 olives noires de Nice

1 Déposez la pâte à pain sur le plan de travail légèrement fariné, aplatissez-la légèrement, puis versez dessus 4 c. à soupe d'huile d'olive. Pétrissez à la main pour incorporer l'huile, roulez la pâte en boule et laissez-la lever 1 h à température ambiante.

2 Écrasez l'ail. Dans une grande poêle, mettez le reste d'huile d'olive, ajoutez les oignons et faites-les fondre doucement à couvert, pendant 25 min environ, avec très peu de sel, un peu de poivre, l'ail écrasé, le thym, le laurier et les câpres.

3 Préchauffez le four à 240 °C. Aplatissez la pâte en un disque de 1,5 cm d'épaisseur environ et déposez-la sur la plaque recouverte de papier sulfurisé. Étalez la purée d'oignon, sans aller tout à fait jusqu'au bord.

4 Dessalez les filets d'anchois sous le robinet, épongez-les et répartissez-les sur la purée de façon qu'ils forment un quadrillage. Disposez les olives en les enfonçant légèrement.

5 Façonnez tout le tour de la pâte pour former un rebord qui maintienne la garniture. Enfournez pour 20 min. Servez tiède ou froid.

À NOTER

En pays niçois, l'anchois est le poisson roi. Dans la pissaladière, il crée un contraste savoureux avec la douceur des oignons. De façon plus générale, il entre dans la composition du pissalat, une purée de poissons ayant mariné avec sel et aromates, présente dans nombre de préparations locales.

STORZAPRETI
à la bastiaise

Pour 4 personnes | **Préparation : 30 min** | **Cuisson : 20 min**

INGRÉDIENTS

1 kg d'épinards frais (ou 3 bottes de blettes ou 400 g d'épinards et 2 bottes de blettes)
3 œufs
400 g de brocciu frais
Herbes aromatiques hachées (persil, cerfeuil, marjolaine, menthe)
Farine
2 c. à soupe d'huile d'olive
20 cl de coulis de tomates
100 g de fromage râpé
30 g de beurre

1 Si vous utilisez les blettes, séparez les cardes et le vert. Réservez les cardes pour une autre préparation. Faites bouillir de l'eau salée dans un faitout, plongez-y ces légumes et égouttez-les 1 min après la reprise de l'ébullition. Pressez-les bien entre les mains pour en extraire le maximum d'eau, puis hachez-les le plus finement possible. Battez les œufs dans un bol avec sel et poivre.

2 Dans un saladier, mettez le brocciu et écrasez-le bien à la fourchette. Ajoutez les légumes, les fines herbes et les œufs. Mélangez bien et rectifiez l'assaisonnement.

3 Faites bouillir de l'eau salée dans une grande casserole. Façonnez des boulettes de la taille d'une petite mandarine en les roulant dans vos mains farinées, puis roulez-les ensuite dans une assiette remplie de farine. Jetez quelques boulettes dans l'eau bouillante. Elles ne doivent pas se toucher. Quand elles remontent à la surface, retirez-les avec une écumoire et déposez-les sur du papier absorbant. Faites cuire ainsi toutes les boulettes.

4 Allumez le gril du four. Huilez un plat, rangez-y les storzapreti, nappez-les de coulis de tomates, puis saupoudrez-les de fromage râpé et de noisettes de beurre. Faites gratiner pendant 10 min environ.

À NOTER

En dialecte corse, « storzapreti » signifie « étouffe-prêtres ». Vous pouvez également gratiner les storzapreti avec du coulis de tomates.

JARRET DE VEAU
à la provençale

Pour 4 à 6 personnes | Préparation : 15 min | Cuisson : 1 h 40

INGRÉDIENTS

4 ou 6 tranches de jarret (de 180 g)
6 ou 8 tomates
2 gousses d'ail
3 c. à soupe d'huile d'olive
2 oignons hachés
20 cl de vin blanc
1 bouquet garni
15 cl de bouillon de veau

1 Salez et poivrez le jarret. Plongez les tomates pendant 20 secondes dans de l'eau bouillante, puis rafraîchissez-les à l'eau froide. Pelez-les, épépinez-les, puis coupez-les en morceaux. Pelez et écrasez les gousses d'ail.

2 Faites chauffer l'huile dans une sauteuse et mettez-y à dorer, de chaque côté, les tranches de jarret.

3 Ajoutez les oignons et faites-les blondir, puis ajoutez les tomates, le vin blanc et le bouquet garni. Remuez bien et laissez cuire 5 min.

4 Ajoutez le bouillon et l'ail. Couvrez et faites cuire 1 h 20 à feu doux. Laissez ensuite réduire la sauce pendant 10 min à découvert. Servez bien chaud.

DAUBE
d'Avignon

Pour 6 à 8 personnes | **Préparation : 30 min** | **Marinade : 12 h** | **Cuisson : 2 h**

INGRÉDIENTS

2 kg d'épaule d'agneau désossée
4 carottes
3 oignons hachés
1 branche de thym
1 feuille de laurier
2 feuilles de sauge hachées
2 brins de persil hachés
1 zeste d'orange de 5 cm environ
10 cl d'huile d'olive
50 cl de vin blanc
2 gousses d'ail
200 g de petit-salé

1 La veille, coupez l'épaule en gros morceaux de 100 g environ. Pelez les carottes et détaillez-les en rondelles.

2 Dans un grand saladier, mettez les morceaux d'agneau, les oignons et les carottes, le thym, le laurier, les herbes hachées et le zeste d'orange. Salez et poivrez. Ajoutez les trois quarts de l'huile environ et imprégnez-en tous les éléments en les tournant à la main. Versez le vin, mélangez encore. Laissez mariner toute la nuit.

3 Le jour même, égouttez la viande, déposez-la sur du papier absorbant et épongez-la bien. Épluchez et écrasez les gousses d'ail.

4 Coupez le petit salé en lardons. Faites chauffer le reste d'huile dans une poêle et mettez les lardons à dorer. Ajoutez ensuite les morceaux de viande, laissez-les dorer aussi en les retournant plusieurs fois. Égouttez-les et déposez-les dans une cocotte.

5 Versez par-dessus toute la marinade, ajoutez l'ail écrasé et un peu de sel. Couvrez et laissez cuire à feu très doux pendant 2 h. Retirez les aromates et le zeste d'orange avant de servir.

À NOTER

Appelé aussi « daube du Comta », ce plat emblématique de la cuisine provençale était autrefois réservé aux fêtes « grasses » familiales.

GARDIANE
de taureau

Pour 4 personnes | Préparation : 10 min | Marinade : 24 h | Cuisson : 3 h

INGRÉDIENTS

1 kg de viande de taureau
1 l de vin rouge (type costières)
5 c. à soupe de vinaigre (facultatif)
1 branche de thym
1 branche de romarin
2 oignons piqués de 1 clou de girofle chacun
2 c. à soupe de farine
2 c. à soupe d'huile d'olive

1 La veille, préparez la marinade. Coupez la viande de taureau en morceaux de 60 à 80 g environ. Versez le vin et, éventuellement, le vinaigre dans un grand saladier. Émiettez le thym et le romarin. Ajoutez 1 pincée de gros sel, 1 pincée de poivre et les oignons. Mélangez bien, puis mettez les morceaux de taureau et laissez mariner pendant 24 h au réfrigérateur.

2 Le jour même, égouttez et épongez la viande, puis farinez-la légèrement. Filtrez la marinade et hachez les oignons grossièrement.

3 Dans une cocotte, mettez l'huile à chauffer et faites revenir les morceaux de taureau ainsi que les oignons pendant 10 min environ. Versez la marinade, mélangez bien et laissez cuire doucement à découvert pendant 45 min, puis à tout petit feu et à couvert pendant 2 h.

4 Passez la sauce dans un tamis fin en écrasant bien la pulpe d'oignon. Servez bien chaud avec du riz de Camargue.

À NOTER

La gardiane est le plat emblématique de la Camargue.

BROUILLADE
de petits violets

Pour 6 personnes | **Préparation : 20 min** | **Cuisson : 50 min**

INGRÉDIENTS

30 petits artichauts violets de Provence
Le jus de 1 citron
4 tomates vertes
2 tomates mûres
200 g de petits lardons maigres
2 gousses d'ail finement hachées
2 petits oignons blancs finement hachés
5 c. à soupe d'huile d'olive
1 brin de thym
½ feuille de laurier
10 feuilles de basilic

1 Coupez le bout des feuilles de chaque artichaut avec des ciseaux. Extrayez le foin, puis citronnez les artichauts sur toutes les faces.

2 Coupez les tomates en quartiers.

3 Faites rissoler les lardons dans une poêle. Égouttez-les sur du papier absorbant. Mettez ensuite les tomates et l'ail dans la poêle, faites-les sauter ; salez et poivrez. Égouttez le tout au bout de 5 min.

4 Mettez les artichauts et les oignons dans la même poêle, arrosez-les d'huile et faites-les revenir en remuant. Émiettez dessus le thym et le laurier. Au bout de 10 min, ajoutez les tomates, l'ail et les lardons. Couvrez et laissez mijoter pendant 20 min.

5 Coupez grossièrement les feuilles de basilic et parsemez-en la brouillade. Laissez cuire encore 10 min, puis servez.

ASTUCE

Cette brouillade accompagne l'agneau grillé, les escalopes de veau ou les tournedos. Elle se mange aussi froide, en entrée, avec une vinaigrette à l'huile d'olive et au citron additionnée d'une pointe d'ail et d'estragon.

LÉGUMES
à volonté !

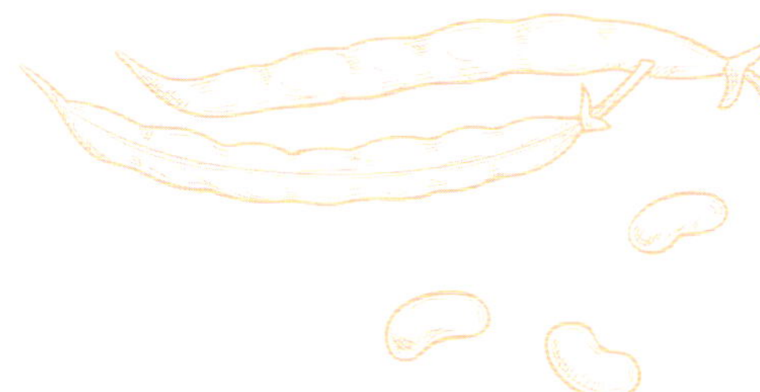

LA CAROTTE DES SABLES QUI REND AIMABLE

Comme son nom l'indique, **la carotte des sables** a la particularité de pousser dans une terre sableuse, lui conférant une texture plus croquante et un goût plus sucré, ce qui lui vaut même d'être enregistrée au registre des AOC et d'avoir obtenu un Label Rouge. Produite dans le Cotentin, vous la trouverez sur beaucoup de marchés en France, facile à reconnaître par la fine couche de sable qui la recouvre, simple à retirer en la brossant sous l'eau. Nettoyez-la bien avant de la consommer… sinon gare à la carotte qui croustille sous la dent !

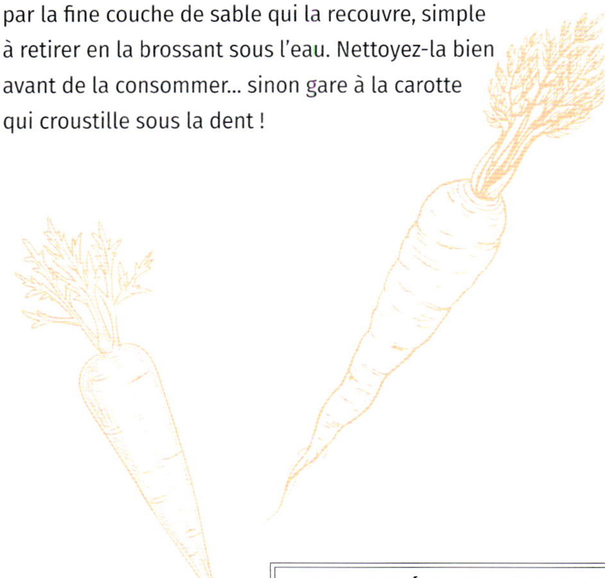

UN SACRÉ COCO !

Le haricot coco a fait son apparition dans le courant des années 1930 en Bretagne, où l'on cultivait déjà depuis longtemps fèves, pois et haricots secs. En effet, l'histoire voudrait qu'un marin surnommé Claude le Coco, du fait de ses penchants politiques pour la faucille et le marteau, ait rapporté le féculent d'un voyage en Argentine, lui léguant par la même occasion son surnom. Depuis, sa culture s'est intensifiée dans la région et de nombreux agriculteurs bretons cultivent le haricot coco de Paimpol, dans le respect du cahier des charges imposé par son AOC. Si des méthodes de production modernes sont mises en œuvre pour le cultiver, il n'a cependant pas cédé aux affres du capitalisme et de l'industrialisation, puisqu'une grande partie de la récolte se fait toujours à la main.

LES PRÉCIEUSES PETITES TRUFFES

Champignon souterrain, **la truffe noire du Périgord** (*Tuber melanosporum*) se développe en symbiose avec le système racinaire d'un arbre-hôte, le plus souvent un chêne. La récolte dans les truffières se fait toujours avec un animal sensible à son parfum, un chien dressé, plus rarement un cochon, contrairement à ce que l'on imagine ! En Périgord comme en Quercy, ce « diamant noir » a ennobli la cuisine et inspiré quantité de recettes, des plus simples – l'omelette ou les œufs brouillés aux truffes – aux plus élaborées comme le foie gras truffé !

LA COURGETTE ET LA BLETTE « SO NICE »

Quand on pense à Nice, on imagine tout de suite un pain bagnat bien garni ou une pissaladière bien moelleuse, à déguster sur la promenade des Anglais. Mais la région niçoise est également un terroir qui produit d'excellents légumes, notamment **la courgette et la blette,** utilisées ensuite dans nombre de recettes savoureuses comme les farcis ou encore la tourte à la blette. On compte trois variétés de courgettes de Nice différentes : la demi-longue, la ronde et la longue, qui n'est pas cannelée mais cylindrique. Les fleurs de courgette sont également consommées sous forme de beignets farcis. La blette, qu'on retrouve aussi sous le nom de bette ou poirée, ressemble à des épinards mais avec des feuilles et des côtes plus épaisses.

LA PETITE POMME DE TERRE QUI A LA PATATE

Produit phare de l'Île de Noirmoutier entre 1920 et 1960, cette **pomme de terre** a failli ne pas survivre à la mécanisation de sa récolte, dégénérant ses plants déjà très fragiles. Elle est alors devenue un mets aussi recherché que convoité, faisant monter sa cote de popularité en même temps que son prix. Aujourd'hui, sa production a retrouvé la patate, grâce à des laboratoires de recherches agronomiques de Rennes et de Nantes qui ont su renforcer le tubercule et relancer sa culture. Sa chair jaune finement grainée en fait toujours un mets de choix, vanté par de nombreux grands chefs et servi à la table des meilleurs restaurants.

« EUL' CHICON »

Le chicon du Nord, communément connu sous le nom d'endive, est un légume populaire dans cette région. Il est cultivé à partir de racines de chicorée qui sont forcées de pousser dans l'obscurité afin de produire des feuilles croquantes et blanches. Le chicon est souvent consommé cru en salade, mais peut également être cuit de différentes manières, comme grillé, braisé ou gratiné. Il est utilisé dans de nombreux plats régionaux, tels que la fameuse flamiche aux chicons, une tarte à base de chicons, de lardons et de crème fraîche. Malheureusement pour lui, le chicon est souvent associé à de terribles souvenirs de cantine, ne lui rendant pas l'hommage qu'il mériterait dans l'imaginaire gustatif collectif !

PETIT TOUR DE FRANCE

des meilleures recettes végé !

AVEC DE BONS LÉGUMES DU COIN...

LES ASPERGES À LA FLAMANDE

Un plat à déguster en entrée ou accompagnement, avec ces délicieuses asperges venues du Nord !

Retrouvez la recette p. 8

LA COUSINA

Une soupe parfumée réalisée avec les bonnes châtaignes ardéchoises, à savourer accompagnée d'une tartine pour un repas complet !

Retrouvez la recette p. 192

LES CÈPES À LA BORDELAISE

Les savoureux champignons expriment toute leur saveur dans ce plat girondin !

Retrouvez la recette p. 106

LE TIAN DE LÉGUMES

Aubergine, tomate, courgette... On retrouve tous les légumes du Sud dans ce plat emblématique !

Retrouvez la recette p. 288

EN VERSION ULTRA-RÉCONFORTANTE...

LA TARTE AU MAROILLES

Quoi de plus gourmand qu'une tarte moelleuse au fromage fondu et grillé... ?

Retrouvez la recette p. 10

LES CRIQUES ARDÉCHOISES

Une galette de pomme de terre croustillante, à adopter en plat ou accompagnement !

Retrouvez la recette p. 204

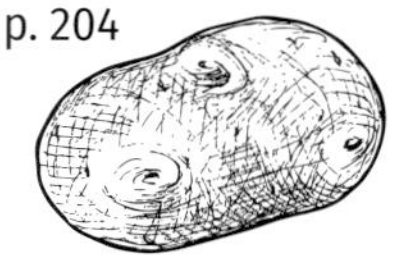

L'ALIGOT

Une purée, oui, mais à la crème et au fromage filant... Une recette délicieuse et régressive !

Retrouvez la recette p. 218

À TARTINER OU À PICORER !

LES GOUGÈRES

Des petits choux au fromage à savourer tel quel ou à garnir pour un apéro très gourmand !

Retrouvez la recette p. 122

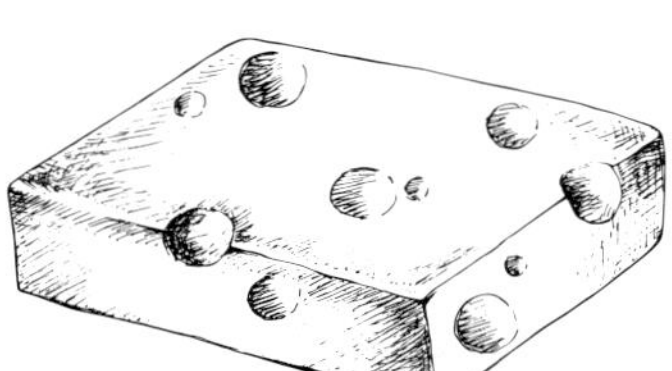

LA CERVELLE DE CANUT

Un fromage frais parfaitement assaisonné à tartiner sur toasts ou pour tremper des bâtonnets de crudités.

Retrouvez la recette p. 196

LES ACHARDS DE LÉGUMES

De délicieux légumes croquants ultra-parfumés pour faire voyager les papilles !

Retrouvez la recette p. 330

TIAN
de légumes

Pour 4 personnes | **Préparation : 15 min** | **Cuisson : 1 h 15**

INGRÉDIENTS

4 courgettes
6 tomates
2 aubergines
3 c. à soupe d'huile d'olive
2 oignons blancs émincés
2 gousses d'ail émincées
2 branches de thym
1 feuille de laurier
Quelques feuilles
de basilic ciselées

1 Préchauffez le four à 160-170 °C. Coupez les courgettes, les tomates et les aubergines en rondelles.

2 Huilez un plat à four et déposez les rondelles de légumes, à la verticale, en les alternant. Parsemez d'oignon et d'ail. Effeuillez le thym au-dessus du plat et ajoutez la feuille de laurier. Arrosez du reste d'huile, salez et poivrez.

3 Enfournez pour environ 1 h 15. Parsemez le tian de basilic ciselé et servez directement dans le plat de cuisson avec, par exemple, des côtelettes d'agneau et du riz basmati.

ASTUCE

Une autre méthode pour préparer un tian consiste à faire revenir oignons, courgettes et aubergines dans un peu d'huile avant de les ranger dans le plat à gratin. Pour un tian encore plus gourmand, ajoutez quelques lamelles de mozarella ou de feta, et arrosez le plat d'un filet d'huile d'olive au moment de servir.

VARIANTE

Vous pouvez également peler les courgettes avec un Économe en laissant une bande de peau sur deux.

SOUPE au pistou

Pour 4 à 6 personnes | Préparation : 1 h | Cuisson : 1 h 30

INGRÉDIENTS

400 g de haricots blancs et rouges avec leurs cosses
250 g de gros haricots verts (plats de préférence)
1 poireau
2 petites courgettes
1 carotte
4 pommes de terre moyennes, (vieilles de préférence)
2 feuilles de sauge (ou de basilic)
½ botte de persil effeuillé
2 grosses tomates bien mûres
5 cl d'huile d'olive
1 oignon haché
5 gousses d'ail hachées
150 à 200 g de coquillettes (facultatif)

POUR LE PISTOU

5 gousses d'ail hachées
1 gros bouquet de basilic effeuillé
75 g de parmesan râpé
10 cl d'huile d'olive

1 Écossez les haricots. Effilez, puis équeutez les haricots verts et coupez-les en cubes. Coupez le vert du poireau (gardez-le pour une autre utilisation), fendez les blancs dans la longueur et passez-les sous l'eau pour bien les nettoyer. Coupez-les en fines rondelles ou hachez-les. Coupez les courgettes en cubes. Épluchez la carotte et les pommes de terre, et coupez-les en dés.

2 Faites bouillir de l'eau dans une petite casserole. Plongez-y les tomates pendant quelques instants pour mieux les peler. Coupez-les en quartiers et épépinez-les soigneusement.

3 Faites chauffer 2,5 l d'eau. Dans une grande cocotte, mettez l'huile à chauffer, puis faites blondir l'oignon.

4 Ajoutez le poireau, l'ail, puis les tomates. Laissez réduire un peu pendant 10 min. Ajoutez alors tous les légumes, le persil et la sauge, mélangez bien et versez l'eau bouillante. Laissez cuire pendant 1 h à petits frémissements. Goûtez le bouillon, salez et poivrez. Écrasez grossièrement les pommes de terre avec une fourchette pour lier la soupe. Si vous le souhaitez, ajoutez les pâtes et continuez la cuisson.

5 Préparez le pistou. Mettez les gousses d'ail dans un mortier. Coupez le basilic avec des ciseaux au-dessus du mortier. Pilez bien le tout avec un pilon jusqu'à obtenir une pommade. Ajoutez ensuite le parmesan et malaxez-le avec les dents d'une fourchette. Versez alors l'huile d'olive goutte à goutte d'abord, puis en filet, en tournant comme pour monter une mayonnaise.

BOURRIDE

sétoise

Pour 4 à 6 personnes | Préparation : 30 min | Cuisson : 40 min

INGRÉDIENTS

1 blanc de poireau
2 carottes
1 tomate
6 gousses d'ail
2 oignons en rondelles
20 cl d'huile d'olive
3 brins de persil hachés
25 cl de vin blanc
1,2 à 1,5 kg de queue de lotte (ou baudroie, terme employé dans le bassin méditerranéen, pelée et coupée en tronçons par le poissonnier)
1 jaune d'œuf

1 Épluchez et détaillez en rondelles le blanc de poireau et les carottes. Mondez la tomate et coupez-la en morceaux. Pelez toutes les gousses d'ail et hachez 2 d'entre elles.

2 Dans une cocotte, faites fondre à feu doux le poireau, les oignons, les carottes et la tomate avec 2 cuillerées d'huile. Ajoutez le persil et l'ail hachés. Mélangez, puis versez 25 cl d'eau, salez et poivrez. Couvrez et laissez cuire 15 min en remuant souvent, puis ajoutez le vin.

3 Dans une poêle, faites chauffer 2 cuillerées d'huile. Salez les tronçons de poisson et faites-les cuire à feu doux 3 ou 4 min de chaque côté. Égouttez-les et recueillez l'eau qu'ils ont rendue.

4 Écrasez les légumes de la cocotte ou passez-les au moulin à légumes. Remettez la cocotte sur le feu et ajoutez le poisson, puis l'eau rendue.

5 Baissez le feu et laissez mijoter à couvert de 10 à 15 min.

6 Préparez l'aïoli. Dans un mortier, pilez l'ail restant avec 1 pincée de sel. Ajoutez le jaune d'œuf et mélangez environ 2 min. Laissez reposer pendant 5 min. Versez l'huile restante goutte à goutte d'abord, en filet ensuite, en tournant avec une cuillère toujours dans le même sens comme pour une mayonnaise. Poivrez légèrement.

7 Égouttez les morceaux de poisson, mettez-les dans le plat de service et gardez au chaud. Rectifiez l'assaisonnement de la sauce et faites-la réduire un peu si elle est trop longue. Retirez du feu et ajoutez l'aïoli en fouettant vivement. Nappez le poisson de cette sauce. Servez avec des pommes de terre cuites à l'eau, coupées en grosses rondelles, ou avec des croûtons de pain grillé.

BOUILLABAISSE

de Marseille

Pour 4 à 6 personnes	**Préparation : 45 min**	**Cuisson : 45 min**

INGRÉDIENTS

2 kg de poissons variés (rascasse, grondin, lotte, congre, dorade, saint-pierre, merlan)
10 étrilles (petits crabes)
2 oignons
3 gousses d'ail
2 blancs de poireau
3 branches de céleri
15 cl d'huile d'olive
3 tomates
1 bulbe de fenouil
1 bouquet garni
2 mesures de safran
1 baguette de pain

POUR LA ROUILLE

3 gousses d'ail pilées
1 pointe de safran
2 pointes de piment de Cayenne
2 jaunes d'œufs à température ambiante
25 cl d'huile d'olive

1 Écaillez, videz et étêtez les poissons variés entiers (réservez les parures). Coupez-les en gros morceaux. Brossez les étrilles.

2 Hachez 1 oignon, 1 gousse d'ail, les poireaux et le céleri. Faites-les dorer dans 10 cl d'huile d'olive ; salez et poivrez.

ASTUCE

Vous pouvez utiliser une sauce rouille toute prête.

3 Ajoutez les têtes et les parures des poissons. Couvrez d'eau, portez à ébullition et laissez mijoter 20 min. Passez et recueillez le jus de cuisson.

4 Pendant ce temps, ébouillantez et pelez les tomates et coupez-les en morceaux.

5 Hachez le deuxième oignon, les gousses d'ail restantes et le bulbe de fenouil.

6 Préparez la rouille. Dans un mortier ou un bol, mélangez l'ail avec 1 pincée de gros sel et 2 pincées de poivre blanc, safran, piment et jaunes d'œufs. Versez l'huile peu à peu en fouettant énergiquement.

7 Faites revenir les légumes dans l'huile restante. Versez le bouillon, les tomates et le bouquet garni. Ajoutez la rascasse, le grondin, la lotte, le congre, la dorade, les étrilles et le safran. Faites cuire 8 min à feu vif, puis mettez le saint-pierre et le merlan et poursuivez la cuisson 5 à 6 min.

8 Stoppez la cuisson et gardez au chaud. Grillez des tranches de baguette au four. Égouttez les poissons et disposez-les dans un grand plat. Versez le bouillon dans une soupière sans le passer, servez accompagné de rouille et de croûtons.

BRANDADE
de Nîmes

Pour 4 à 6 personnes | Préparation : 15 min | Dessalage : 24 h | Cuisson : 15 à 20 min

INGRÉDIENTS

1 kg de filets de morue
(ou de miettes)
45 cl d'huile d'olive
40 cl de lait

1 La veille, faites dessaler la morue en la laissant pendant 24 h au moins dans un grand récipient d'eau fraîche que vous changerez deux ou trois fois.

2 Le jour même, mettez les filets de morue dans un faitout ou une grande casserole, recouvrez-les largement d'eau et portez doucement à ébullition, puis laissez-les pocher pendant 8 min à très petits frémissements. Égouttez la morue et, après avoir retiré la peau et les arêtes, effeuillez-la avec les doigts. Mettez-la dans une casserole et pilez-la un peu à l'aide d'une cuillère en bois pour l'écraser.

3 Dans 2 casseroles différentes, faites chauffer l'huile et le lait.

4 Mettez la casserole contenant la morue à feu très doux. Versez alternativement 1 cuillerée d'huile chaude et 1 cuillerée de lait chaud en travaillant le mélange avec une cuillère en bois et en tournant comme pour une mayonnaise. Elle va prendre la consistance d'une purée de pomme de terre. Poivrez, en principe, on n'a pas besoin de ressaler.

ASTUCE

Vous pouvez parfumer la brandade avec un peu d'huile de truffe noire d'Uzès.

FIADONE

Pour 4 personnes | Préparation : 20 min | Égouttage : 3 h | Cuisson : 35 min

INGRÉDIENTS

250 g de brocciu frais
½ citron non traité
ou 1 c. à soupe d'acquavita
(eau-de-vie de marc ou de fruit)
3 œufs
100 g de sucre
20 g de beurre

1 Enveloppez le brocciu dans une mousseline et mettez-le à égoutter dans une passoire.

2 Prélevez un zeste de citron de 7 ou 8 cm de long et faites-le blanchir pendant 3 min dans de l'eau bouillante. Égouttez-le et hachez-le finement.

3 Cassez les œufs en séparant les blancs des jaunes. Mettez les jaunes d'œufs dans un saladier, ajoutez le sucre et mélangez jusqu'à ce que la préparation soit lisse et crémeuse. Ajoutez le brocciu et le zeste de citron ou l'acquavita.

4 Préchauffez le four à 180 °C. Battez les blancs en neige avec 1 pincée de sel, puis, très délicatement, incorporez-les au mélange brocciu-œufs, en tournant toujours dans le même sens.

5 Beurrez un moule à manqué, versez-y la préparation, égalisez la surface et enfournez pour 35 min environ. La lame d'un couteau plantée au centre du gâteau doit ressortir sèche quand il est cuit. Laissez le fiadone refroidir avant de le démouler.

OREILLETTES

Pour 3 douzaines environ | Préparation : 30 min | Réfrigération : 12 h | Cuisson : 30 min

INGRÉDIENTS

300 g de farine
80 g de beurre ramolli
50 g de sucre
4 jaunes d'œufs
2 c. à soupe d'eau de fleur d'oranger (ou le zeste de 1 citron)
Huile de friture (tournesol ou arachide)
Sucre glace pour saupoudrer

1 La veille, préparez la pâte. Mettez la farine sur le plan de travail, ajoutez ½ c. à café de sel, le beurre, le sucre et les jaunes d'œufs dilués dans l'eau de fleur d'oranger. Pétrissez en ajoutant juste ce qu'il faut d'eau pour obtenir une pâte bien souple qui ne colle plus aux doigts, pendant 10 min environ (on peut utiliser un robot muni d'un crochet pétrisseur).

2 Enveloppez la pâte de film alimentaire et mettez au réfrigérateur pour une nuit.

3 Le jour même, étalez la pâte sur un plan de travail huilé, le plus finement possible, au rouleau ou à l'aide d'une machine à pâtes. Elle doit être translucide.

4 Faites chauffer l'huile : elle doit être bien chaude mais non fumante. Découpez la pâte à l'aide d'une roulette en formes régulières ou aléatoires. Faites-les frire au fur et à mesure. Idéalement une personne les étire pendant que l'autre les fait cuire.

5 Faites cuire les oreillettes par deux ou trois à la fois ; elles doivent cuire en une douzaine de secondes seulement et doivent être blondes et cassantes. Maintenez-les sous l'huile à l'aide d'une écumoire et retournez-les à mi-cuisson. Égouttez-les aussitôt sur du papier absorbant. Servez saupoudré de sucre glace, tiède ou froid.

À NOTER

Merveilles, bugnes, oreillettes… De Lyon jusqu'à la Côte d'Azur et au Sud-Ouest, on retrouve des variantes de ce dessert, que l'on prépare à Noël et surtout à Pâques. Plus elles sont fines et cassantes, plus elles sont réussies.

CRÈME BRÛLÉE
catalane

Pour 4 personnes | **Préparation : 15 min** | **Repos : 12 h** | **Réfrigération : 2 h** | **Cuisson : 10 à 15 min**

INGRÉDIENTS

1 l de lait
1 écorce de cannelle
1 zeste de citron
1 c. à café de grains d'anis vert
1 gousse de vanille
2 œufs
5 jaunes d'œufs
150 g de sucre
25 g de farine
25 g de fécule

1. La veille, faites chauffer le lait avec la cannelle, le zeste de citron, l'anis et la gousse de vanille ouverte et grattée. Arrêtez au premier bouillon, retirez du feu et laissez infuser toute la nuit en gardant la casserole couverte.

2. Le jour même, cassez les œufs dans une casserole, ajoutez les jaunes et mélangez. Versez 3 c. à soupe de sucre, puis fouettez énergiquement jusqu'à ce que la préparation blanchisse. Ajoutez ensuite la farine et la fécule, mélangez.

3. Filtrez le lait et ajoutez-le au mélange doucement, sans cesser de remuer. Mettez la casserole à feu doux et faites cuire la crème, en tournant sans arrêt, jusqu'à ce qu'elle épaississe. Elle doit bouillir juste 1 min. Retirez la casserole du feu et fouettez.

4. Versez la crème dans des ramequins individuels peu profonds ou des plats à œufs en porcelaine. Réservez-les au réfrigérateur jusqu'à leur utilisation. Une pellicule assez épaisse doit se former dessus.

5. Répartissez le reste de sucre sur la surface des ramequins et caramélisez-le avec une lampe à souder, ou passez les plats sous le gril pendant 2 min. Servez aussitôt.

OUTRE-MER

ROUGAILS

Préparation : 10 min par rougail

Pour le rougail mangue :

- 400 g de mangues vertes
- 20 cl d'huile
- 5 ou 6 piments oiseaux
- 10 g de gros sel
- 1 oignon

Pour le rougail citron :

- 200 g de citrons verts
- 4 à 5 piments oiseaux
- 1 oignon
- 10 g de gros sel
- + 20 cl d'huile

Pour le rougail tomate :

- 10 g de gros sel
- 5 ou 6 piments oiseaux
- 2 tomates
- 2 zestes de citron vert
- 1 oignon
- + 20 cl d'huile

ROUGAIL
tomate

INGRÉDIENTS

2 tomates
5 ou 6 piments oiseaux
10 g de gros sel
2 zestes de citron vert
1 oignon finement émincé
20 cl d'huile

1 Mondez les tomates et coupez-les en petites lanières.

2 Dans un mortier ou dans un bol, écrasez bien au pilon les piments et le sel.

3 Hachez les zestes de citron.

4 Mélangez tous les ingrédients.

À NOTER

Les rougails sont des sauces très fortes qu'on consomme en petite quantité en accompagnement. Le rougail tomate et le rougail mangue sont les plus connus : le premier accompagne de nombreuses viandes, le second se marie plutôt avec les poissons.

ROUGAIL
mangue

INGRÉDIENTS

400 g de mangues vertes
5 ou 6 piments oiseaux
10 g de gros sel
1 oignon émincé
20 cl d'huile

1

2

3

1. Épluchez les mangues et hachez-les.
2. Écrasez au pilon les petits piments et le sel.
3. Mélangez tous les ingrédients avec l'huile.

ROUGAIL
citron

INGRÉDIENTS

200 g de citrons verts
4 à 5 piments oiseaux
10 g de gros sel
1 oignon émincé
20 cl d'huile

1

2

3

1. Coupez les citrons verts en petits dés.
2. Écrasez au pilon les petits piments et le sel.
3. Mélangez tous les ingrédients avec l'huile.

ACRAS
de morue

Pour 4 personnes | **Préparation : 15 min** | **Trempage : 12 h** | **Cuisson : 20 min**

INGRÉDIENTS

150 g de morue salée
½ bouquet de persil
2 gousses d'ail
1 petit piment rouge
3 ciboules
200 g de farine
1 c. à café de levure
2 œufs
1 c. à café de thym
Huile de friture

1 Le veille, faites dessaler la morue une nuit à l'eau fraîche (pour gagner du temps, vous pouvez aussi trouver de la morue déjà dessalée au rayon surgelés).

2 Le jour-même, mettez-la dans une casserole d'eau froide, amenez-la à ébullition, puis coupez le feu et laissez la morue pocher 15 min. Laissez tiédir, retirez la peau et les arêtes, puis émiettez-la.

3 Rincez et épongez le persil, épluchez l'ail. Ouvrez le piment et retirez-en les graines. Hachez ensemble l'ail, les ciboules, le piment et le persil, à la main ou au mixeur.

4 Dans un saladier, mélangez la farine et la levure, ajoutez les œufs et délayez la pâte petit à petit avec 15 cl d'eau. Rajoutez le hachis, la morue et le thym.

5 Faites chauffer l'huile, déposez-y des cuillerées de pâte et faites frire 3 min environ. Égouttez les accras sur du papier absorbant et servez bien chaud.

À NOTER

Importée d'Europe, la morue est préparée aux Antilles de multiples façons : en beignet appelé acra ; en « chiquetaille », en « féroce » avec de l'avocat ou en brandade aux pommes de terre.

DAUBE
de bananes

Pour 4 personnes | **Préparation : 15 min** | **Cuisson : 30 min**

INGRÉDIENTS

6 bananes plantains jaunes
1 citron
200 g de lard demi-sel
6 ou 7 c. à soupe d'huile
6 échalotes hachées
2 gousses d'ail hachées
1 morceau de piment frais haché
4 brins de persil plat hachés
2 branches de thym
1 pincée de cannelle

1 Épluchez les bananes en enlevant tous les filaments. Coupez-les en gros morceaux et arrosez-les de jus de citron.

2 Détaillez le lard en petits dés.

3 Dans une cocotte, chauffez l'huile, puis, pendant 3 ou 4 min, faites rissoler le lard d'abord, les bananes ensuite. Ajoutez alors les échalotes, l'ail, le thym et le piment dosé selon votre goût. Mélangez bien et laissez cuire 2 ou 3 min.

4 Versez 20 cl d'eau chaude, ajoutez la cannelle et mélangez bien. Couvrez à demi et faites mijoter pendant 15 à 20 min. Versez dans le plat de service et parsemez de persil.

ASTUCE

Les bananes plantains se prêtent aussi à la préparation de chips. Il faut choisir des bananes peu mûres, les couper finement et les frire à 175 °C pendant 5 min.

OUASSOUS

aux tomates et aux cives

Pour 8 personnes	Préparation : 30 min	Marinade : 20 min	Cuisson : 25 min

INGRÉDIENTS

8 citrons verts
2 kg d'ouassous
1 kg de tomates
1 morceau de gingembre frais de 2 cm
1 petit piment
4 c. à soupe d'huile d'olive
4 oignons émincés
10 cl de rhum vieux
1 c. à soupe de concentré de tomates
1 brin de thym
1 feuille de bois d'Inde
4 gousses d'ail
1 bouquet de cives
10 brins de persil plat hachés

1. Pressez les citrons. Lavez les ouassous, égouttez-les. Disposez-les dans un plat, arrosez-les de jus de citron et laissez-les mariner 20 min en les retournant.

2. Plongez les tomates 1 min dans de l'eau bouillante, pelez-les, épépinez-les et concassez-les. Grattez le gingembre, coupez-le en lamelles. Fendez le piment en deux, ôtez le pédoncule et les graines. Coupez la chair en morceaux.

3. Faites chauffer l'huile et le gingembre dans une cocotte. Mettez les oignons et les ouassous, puis faites revenir 5 min. Chauffez le rhum dans une casserole, versez-le dans la cocotte et flambez.

4. Diluez le concentré de tomate dans 2 c. à soupe d'eau. Mélangez-le avec les tomates, le thym, le piment et le bois d'Inde. Salez et poivrez. Ajoutez la préparation dans la cocotte. Couvrez et laissez mijoter 20 min.

5. Pelez et écrasez l'ail. Émincez les cives. Parsemez d'ail, de cives et de persil, puis servez.

À NOTER

Les ouassous, ou « z'habitants », sont les grosses crevettes d'eau douce.

TOUFFÉ D'ESPADON

au citron vert

Pour 4 personnes | Préparation : 15 min | Marinade : 1 h | Cuisson : 30 min

INGRÉDIENTS

800 g d'espadon
4 citrons verts
2 feuilles de bois d'Inde
(ou de laurier)
4 gousses d'ail hachées
3 tomates
2 c. à soupe d'huile d'olive
4 oignons émincés
4 échalotes émincées
½ c. à café de roucou (facultatif)

1 Lavez l'espadon et coupez-le en gros morceaux. Pressez 2 citrons et mettez leur jus dans un saladier ainsi qu'une feuille de bois d'Inde émiettée. Ajoutez la moitié de l'ail au jus. Déposez les morceaux d'espadon, mélangez bien et laissez mariner 1 h au frais en retournant les morceaux de temps en temps afin qu'ils s'imprègnent bien des parfums.

2 Mondez les tomates et coupez-les en petits morceaux. Égouttez les morceaux d'espadon.

3 Dans une cocotte, chauffez l'huile et faites-y d'abord revenir les oignons et les échalotes, puis les morceaux de poisson en les faisant dorer de tous les côtés. Mettez enfin les tomates, le reste d'ail et la deuxième feuille de bois d'Inde. Couvrez, baissez le feu et laissez mijoter ainsi pendant 15 min en mélangeant régulièrement.

4 Pressez les autres citrons et versez leur jus dans la sauce ainsi que le roucou. Mélangez et faites cuire encore doucement 5 min. Servez bien chaud avec du riz créole.

UNE TOUCHE ACIDULÉE

en cuisine !

ME PIACE LES FAMEUX AGRUMES CORSES !

La Corse est célèbre pour ses magnifiques paysages, ses plages et ses montagnes, mais saviez-vous qu'elle produit également de délicieux agrumes ? Oranges sanguines, citrons, clémentines, pomelos… Tous ces fruits sont cultivés dans des vergers situés principalement dans la plaine orientale de l'île, où le climat méditerranéen est parfaitement propice à leur croissance. Les agrumes corses sont réputés pour leur goût intense et leur texture juteuse, obtenus en grande partie grâce à la méthode de culture traditionnelle utilisée par les producteurs locaux. Ils entrent dans la composition de nombreuses spécialités, comme les confitures, les gâteaux ou les liqueurs, mais sont également très appréciés pour leur essence, puissante, utilisée dans la production de parfums et de produits de beauté !

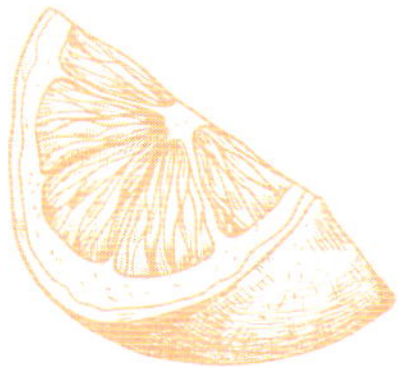

ET LE COMBAVA DANS TOUT ÇA ?

Également connu sous le nom de « citron vert de Madagascar », le combava est un agrume originaire d'Asie du Sud-Est, principalement cultivé dans les régions tropicales. Il se présente sous la forme d'un gros citron vert à la surface bosselée et bénéficie de saveurs très caractéristiques, alliant citronnelle, gingembre et coriandre fraîche. S'il n'existe pas (ou très peu) de culture de cet agrume en France métropolitaine en raison de son climat tempéré, il est cependant possible d'en trouver dans les départements et territoires d'outre-mer situés dans les régions tropicales, comme la Guadeloupe, la Martinique ou La Réunion. Cette dernière est connue pour sa production de combavas, utilisés dans de nombreux plats locaux.

SAVEURS SUCRÉES-SALÉES

Jus d'orange et de citron relèvent à merveille le magret de canard aux pêches fondantes (voir recette p. 166) !

BIENVENUE DANS LA VILLE DES CITRONS

Considéré comme l'un des joyaux du patrimoine culinaire de la Côte-d'Azur, le citron de Menton se caractérise par des arômes plus développés et une saveur plus douce et sucrée que les citrons ordinaires. Depuis des siècles, cet agrume est cultivé à Menton, surnommée la « ville des citrons », et la Fête du Citron® s'y tient d'ailleurs chaque année à la fin de l'hiver. De nombreux chars décorés d'agrumes défilent alors, témoignant de la culture des citronniers propres à cette région. S'il ne bénéficie pas encore d'une AOP ou d'une AOC, le citron de Menton a obtenu le label IGP européen en 2015, garantissant sa traçabilité sur les étals et donc son authenticité.

À TESTER !

Pour un plat parfumé et acidulé, essayez le touffé d'espadon au citron vert (voir recette p. 318) ou les rougails (voir recettes p. 308).

JAMBON au rhum

Pour 6 personnes | Préparation : 20 min | Marinade : 24 h | Cuisson : 3 h

INGRÉDIENTS

1 jambon frais à cuire (de 2 kg)
1 gousse d'ail
1 oignon en rondelles
6 clous de girofle
2 cm de bâton de cannelle
1 c. à soupe de vinaigre
2 c. à soupe de graines de moutarde
40 cl de rhum blanc
1 ananas

1 La veille, demandez à votre charcutier d'enlever la couenne du jambon. Tracez un quadrillage sur toute la surface avec un couteau pointu. Mettez-le dans un plat.

2 Pelez et écrasez l'ail. Mélangez l'ail, l'oignon, les clous de girofle, la cannelle, le vinaigre, les graines de moutarde et le rhum. Versez sur le jambon. Laissez mariner 24 h, en retournant souvent la viande pour qu'elle soit bien imprégnée. Badigeonnez-la régulièrement avec la marinade.

3 Le jour-même, préchauffez le four à 170 °C. Sortez le jambon de la marinade, épongez-le avec du papier absorbant. Retirez le bâton de cannelle de la marinade. Posez le jambon sur la plaque du four. Enfournez-le pour 3 h en arrosant souvent avec la marinade.

4 Coupez l'ananas en morceaux. Placez-les autour du jambon au moins 1 h avant la fin de la cuisson. Sortez le jambon du four et découpez-le en tranches. Déglacez la plaque du four. Mettez la sauce dans une saucière. Décorez avec les morceaux d'ananas et servez.

COLOMBO
de porc

Pour 6 personnes | Préparation : 20 min | Marinade : 30 min | Cuisson : 55 min

INGRÉDIENTS

1,2 kg d'échine de porc
2 oignons nouveaux
1 mangue verte
3 aubergines moyennes
3 pommes de terre
3 c. à soupe d'huile d'arachide
3 c. à soupe de poudre de colombo
Le jus de 1 citron

POUR LA MARINADE

1 petit piment
2 gousses d'ail hachées
3 c. à soupe de vinaigre

1 Préparez la marinade. Coupez le piment en fines lamelles. Mélangez l'ail et le piment dans un plat creux avec le vinaigre, du sel et du poivre.

2 Coupez la viande en cubes. Mettez-la dans la marinade ; roulez les cubes dedans. Laissez mariner 30 min.

3 Pendant ce temps, hachez finement les petits oignons. Pelez la mangue, ouvrez-la pour retirer le noyau et coupez-la en morceaux. Épluchez les aubergines et les pommes de terre, rincez-les et coupez-les en cubes.

4 Dans une cocotte, faites chauffer l'huile à feu modéré. Égouttez la viande, mettez-la dans la cocotte avec la mangue et le hachis d'oignon. Faites dorer le tout doucement 5 min environ en remuant.

5 Délayez la poudre de colombo dans un peu d'eau et versez-la dans la cocotte. Ajoutez les aubergines et les pommes de terre. Salez, poivrez et mélangez. Versez juste assez d'eau pour recouvrir les ingrédients et portez à ébullition. Baissez ensuite le feu, couvrez la cocotte et laissez cuire 50 min.

6 Environ 5 min avant la fin de la cuisson, ajoutez le jus du citron. Rectifiez l'assaisonnement, puis versez le colombo dans le plat de service. Servez bien chaud avec du riz à la créole.

CARI
de poulet

Pour 4 personnes | **Préparation : 15 min** | **Cuisson : 50 min**

INGRÉDIENTS

1 poulet fermier (de 1,4 kg)
300 g de tomates olivettes
3 c. à soupe d'huile d'olive
4 oignons finement hachés
6 gousses d'ail écrasées
1 c. à café de curcuma

1 Coupez le poulet en 8 morceaux. Coupez les tomates en fines tranches.

2 Dans une cocotte, chauffez l'huile et faites-y dorer le poulet. Retournez les morceaux plusieurs fois. Ajoutez les oignons et l'ail et faites-les aussi rissoler. Ajoutez ensuite les tomates et le curcuma et faites cuire pendant 2 ou 3 min.

3 Baissez le feu et couvrez la cocotte. Laissez mijoter à feu très doux pendant 45 min en remuant de temps en temps. Ajoutez au besoin un peu d'eau pour que le cari n'attache pas. Servez bien chaud.

À NOTER

Le cari, plat très populaire, se sert généralement avec du riz blanc et un rougail tomate (voir p. 308).

MASSALÉ
de cabri

Pour 4 personnes | Préparation : 15 min | Cuisson : 1 h 15

INGRÉDIENTS

1 kg d'échine de cabri (chevreau) (ou d'agneau)
5 gousses d'ail
3 tomates
600 g de pommes de terre
3 piments oiseaux
20 g de gingembre
50 cl d'huile
2 oignons émincés
3 feuilles de caloupilé séché (ou 2 feuilles de laurier)
5 ou 6 brins de coriandre fraîche hachés

1 Coupez le cabri en morceaux de 3 ou 4 cm. Épluchez l'ail et écrasez-le. Mondez les tomates, épépinez-les et coupez-les en morceaux. Épluchez les pommes de terre et coupez-les aussi en morceaux. Écrasez les piments et le gingembre.

2 Dans une cocotte, chauffez bien l'huile. Faites-y colorer d'abord les morceaux de cabri sur toutes leurs faces, puis les oignons et les feuilles de caloupilé. Quand tout est bien doré, ajoutez l'ail, le piment et le gingembre.

3 Mélangez bien et mettez enfin les tomates et les pommes de terre. Faites-les aussi revenir en remuant. Salez et poivrez. Versez 25 cl d'eau, couvrez et faites cuire à feu doux pendant 1 h environ. Mélangez de temps en temps, ajoutez un peu d'eau si nécessaire.

4 Disposez le massalé dans un plat de service, saupoudrez de coriandre et servez bien chaud.

ACHARDS
de légumes

Pour 6 personnes | **Préparation : 20 min** | **Cuisson : 5 min**

INGRÉDIENTS

150 g de carottes
150 g de chou blanc
50 g de haricots verts
150 g de chouchoux
(ou cristophines)
1 cm de racine de gingembre
2 gousses d'ail
3 c. à soupe d'huile de friture
1 oignon émincé
1 c. à soupe de curcuma
1 petit piment rouge ou vert
2 c. à soupe de vinaigre blanc

1 Rincez les légumes. Épluchez les carottes et les chouchoux. Taillez tous les légumes en lanières assez fines. Réservez.

2 Épluchez le gingembre et l'ail. Écrasez-les finement à l'aide d'un pilon ou bien aidez-vous d'un mixeur.

3 Dans une grande poêle, faites chauffer l'huile, puis faites revenir l'oignon, l'ail, le gingembre, le curcuma et le piment épépiné et coupé en petites lanières. Toujours sur feu vif, ajoutez les lanières de légumes. Laissez cuire 2 min en remuant souvent. Retirez du feu. Ajoutez le vinaigre et servez en accompagnement d'une viande ou d'un poisson.

ASTUCE

Vous pouvez précuire les haricots 5 min dans de l'eau salée frémissante si vous ne les aimez pas trop croquants.

ÉPICEZ *tout !*

LA REINE DES VANILLES

La vanille Bourbon est cultivée sur l'Île de La Réunion – ancienne Île Bourbon – où elle a été introduite depuis le Mexique au début du XVIIIe siècle. En effet, le climat chaud et humide de l'île, ainsi que son sous-sol volcanique, sont un terrain propice à l'épanouissement de la fleur et de ses gousses. Car, oui, la vanille fait partie de la famille des orchidées dont elle est le seul spécimen comestible ! La variété Bourbon offre d'ailleurs un superbe bouquet de saveurs, grâce à ses plus de 200 composants aromatiques qui en font incontestablement la reine des vanilles… et de votre palais !

PETIT MAIS COSTAUD !

Laissez place à l'épice la plus *caliente* de nos régions françaises : **le piment** ! Introduit en Europe par Christophe Colomb après son retour des Amériques, le piment compte aujourd'hui plus de 200 variétés. En France, il est principalement cultivé dans les Antilles et en Guyane où il adopte des noms souvent poétiques et enfantins, comme « piment zozio », « oiseau » ou « langue de perroquet ». Mais attention à ne pas vous laisser amadouer par ces appellations, ces piments très forts sont de petites bombes qui mettront vos papilles K.-O. si vous en abusez trop !

LE PIMENT STAR

Star indéboulonnable des piments, **le piment d'Espelette** tient son nom du village éponyme où il est en grande partie cultivé, au pied des Pyrénées. Réputé pour son goût unique, légèrement sucré et fruité, il ne faut toutefois pas se fier à son apparence innocente ! Il peut aussi s'avérer très piquant en fonction de sa variété et de son mode de préparation : frais et entier, en corde ou en poudre. Il est depuis toujours utilisé dans la cuisine basque pour relever les spécialités traditionnelles de la région comme la piperade, le poulet basquaise ou encore le jambon de Bayonne, mais il a aussi réussi à intégrer la cuisine moderne depuis une quinzaine d'années et garde le cap du succès ! Cultivé selon des méthodes traditionnelles, c'est la seule épice française à bénéficier d'une AOC, et il possède même une confrérie ainsi qu'une fête annuelle (mais pas encore son empreinte sur Hollywood Boulevard…).

LES CIGALES DANS L'ASSIETTE

Romarin, origan, sarriette, thym, basilic... Toutes ces plantes font en effet partie du mélange aromatique communément appelé « **herbes de Provence** ». Pas d'AOC ni d'IGP pour ce petit concentré de garrigue, mais les producteurs ont en revanche réussi à obtenir un label rouge suivant un cahier des charges de production précis, afin de valoriser la production régionale.

UN PETIT GRAIN DE SEL

Ce qui fait le charme et la renommée du **sel de Guérande**, c'est sa méthode de production et de récolte. Pas de machines, pas de produits chimiques, juste le travail de la nature allié au savoir-faire ancestral des paludiers bretons dans les marais salants de Guérande qui s'étendent sur plus de 2 000 hectares ! Ainsi, lors des marées, l'eau de mer pénètre successivement dans plusieurs bassins, où elle va devenir de plus en plus saturée en sel. Le soleil et le vent viennent y mettre leur grain de sel, en provoquant un phénomène de cristallisation à la surface du marais.
Les paludiers récoltent alors gros sel et fleur de sel à la main ou à l'aide d'un las, sorte de grosse pelle à long manche.

AIL AIL AIL !

Réputé pour sa saveur marquée, **l'ail rose de Lautrec** fera peut-être un peu mal à votre haleine mais beaucoup de bien à vos papilles ! Très prisé dans le Sud-Ouest, un marché spécialisé hebdomadaire lui fait honneur à Lautrec, petit village du Tarn, où il est produit. L'ail de Lautrec est le premier produit agricole à avoir bénéficié du Label Rouge en 1966 et se distingue également par une IGP depuis 1996. Il est particulièrement apprécié dans « l'aigu bushido », une délicieuse soupe à l'ail typique de la région, mais sera tout aussi excellent pilé au mortier dans des sauces, haché dans une salade ou frotté sur des tranches de pain grillées, en toute simplicité !

RAGOÛT
de papaye verte

Pour 4 à 6 personnes | Préparation : 30 min | Dessalage : 12 h | Cuisson : 1 h 30

INGRÉDIENTS

500 g de poisson boucané (ou fumé)
3 papayes vertes
250 g de lard fumé
3 tomates
3 c. à soupe d'huile
2 oignons hachés
2 gousses d'ail
1 bouquet garni
3 branches de persil hachées

1 La veille, après avoir coupé le poisson en morceaux, mettez-le dans un saladier d'eau fraîche. Faites-le dessaler toute une nuit, en renouvelant l'eau une fois.

2 Le jour-même, épluchez et épépinez les papayes, puis coupez-les en cubes. Détaillez le lard en morceaux. Mondez les tomates.

3 Chauffez l'huile dans une cocotte. Faites dorer d'abord le lard et les oignons. Retournez plusieurs fois. Ajoutez alors les tomates et les papayes. Couvrez d'eau et faites cuire doucement, à petits frémissements et à couvert, pendant 1 h. Ajoutez de l'eau si nécessaire pour que cela n'attache pas.

4 Épluchez les gousses d'ail. Égouttez le poisson et ajoutez-le dans la cocotte ainsi que le bouquet garni et l'ail. Rectifiez l'assaisonnement et laissez cuire encore 10 min. Parsemez de persil haché. Servez avec du riz.

GÂTEAU de patates douces

Pour 6 personnes | Préparation : 20 min | Repos : 12 h | Cuisson : 1 h 05

INGRÉDIENTS

750 g de patates douces
100 g de farine
½ sachet de levure chimique
100 g de beurre
120 g de cassonade
10 cl de crème fraîche liquide entière
2 c. à soupe de rhum vieux (ou de rhum « arrangé »)
2 œufs
½ gousse de vanille
2 pincées de cannelle
2 pincées de muscade
2 pincées de gingembre

1 Épluchez les patates douces, coupez-les en dés et faites-les cuire 20 min dans une casserole d'eau bouillante. Égouttez-les bien et mixez-les en une purée fine.

2 Préchauffez le four à 180 °C. Tamisez la farine avec la levure. Dans un saladier ou le bol du mixeur, fouettez le beurre avec la cassonade, puis rajoutez la crème, le rhum et les œufs. Fendez la gousse de vanille en deux, récupérez les graines et ajoutez-les au mélange, ainsi que les épices. Incorporez la purée de patates douces, puis le mélange farine-levure jusqu'à obtenir une préparation bien homogène.

3 Versez le tout dans un moule à manqué beurré et fariné, ou un moule en silicone, et enfournez pour 45 min. Démoulez le gâteau sur une grille et laissez-le reposer jusqu'au lendemain.

À NOTER

Ne vous inquiétez pas de l'aspect « raté » de ce gâteau lorsqu'il est chaud. Il va gonfler, puis dégonfler, c'est normal. Il faut compter une nuit pour qu'il prenne son aspect compact et fondant.

BLANC-MANGER

coco

Pour 4 personnes | Préparation : 10 min | Réfrigération : 3 h | Cuisson : 3 min

INGRÉDIENTS

3 feuilles de gélatine
50 cl de lait de coco
125 g de lait concentré sucré
1 zeste de citron vert non-traité
1 bâton de cannelle
2 pincées de muscade

1 Mettez la gélatine à ramollir dans un bol d'eau froide.

2 Dans une casserole, amenez à ébullition les deux laits avec le zeste et les épices. Arrêtez le feu et laissez infuser 5 min, puis retirez le zeste et le bâton de cannelle. Ajoutez la gélatine égouttée et mélangez bien.

3 Versez la préparation dans des coupelles ou verrines et laissez prendre 3 h minimum au réfrigérateur.

SORBET
coco

Pour 6 à 8 personnes | **Préparation : 30 min** | **Repos : 30 à 40 min**

INGRÉDIENTS

1 noix de coco
1 l de lait demi-écrémé
1 gousse de vanille
100 g de sucre
1 citron vert non traité
1 pincée de noix de muscade
1 bâton de cannelle
2 gouttes d'extrait d'amande amère

1 Cassez la noix de coco et enlevez toute la pulpe. Râpez-la le plus finement possible.

2 Faites chauffer le lait en y ajoutant la gousse de vanille ouverte et grattée. Versez-le sur la pulpe, mélangez bien et laissez infuser 15 min environ. Placez un linge fin sur une passoire, mettez la passoire sur un saladier et passez le mélange. Appuyez bien pour extraire le plus possible de jus de la pulpe.

3 Dans ce lait de coco, versez le sucre et mélangez. Râpez le zeste de citron au-dessus du saladier. Ajoutez la noix muscade, un peu de cannelle et l'extrait d'amande amère. Mélangez bien le tout.

4 Versez dans la sorbetière et faites-la fonctionner. Si vous ne consommez pas le sorbet tout de suite, mettez-le au congélateur. Sortez-le 30 min environ avant de le consommer car il ne doit pas être trop dur.

ASTUCE

On remplace souvent le sucre par 10 cl de lait concentré sucré. Vous pouvez aussi faire un sorbet avec de la pulpe séchée. Laissez-la alors infuser 30 min dans le lait chaud.

INDEX DES RECETTES

par ordre alphabétique

INDEX DES RECETTES

par ingrédients

P

Q-R-S

Illustrations
© Shutterstock

Photographies
© Larousse : Martin Balme (styl. de Lucie Dauchy) : p. 87, 91, 97, 99, 103, 105, 111, 113, 115, 197, 201, 205, 209, 211, 217, 219, 221, 225, 227 ; Fabrice Besse (styl. de Audrey Cosson) : p. 231, (styl. de Sabine Paris) : p. 167 ; Nathalie Carnet : p. 193 ; Emanuela Cino (styl. de Anne Loiseau) : 119, 121, 123, 127, 133, 137, 143, 147, 149, 151, 153, 155 ; Guillaume Czerw (styl. de Sophie Dupuis-Gaulier) : p. 21, 177, 187, 195, 255, 331, (styl. de Alexia Janny) : p. 35, 65 ; Sophie Dumont (styl. de Delphine Lebrun) : p. 29, 33, 45, 55, 75, 83, 85, 89, 101, 131, 135, 171, 281, 291, 315, 319 ; Caroline Faccioli (styl. de Corinne Jausserand) : p. 325, (styl. de Sabine Paris) : p. 271, 273 ; Amandine Honegger (styl. de Sylvie Rost) : p. 265 ; Isabelle Kanako : p. 10-13, 68-71, 92-95, 138-141, 158-161, 212-215, 238-241, 294-297, 308-311 ; Françoise Nicol (styl. de Manuella Chantepie) : p. 317 ; Olivier Ploton (styl. de Bérengère Abraham) : p. 79, 337, (styl. de Blandine Boyer) : p. 259, 269, 275, 279, 293, 299, 301, 303, 305, (styl. de Anne Loiseau) : p. 263, (styl. de Catherine Moreau) : p. 169, 173, 181, 183, 185, 189, 235, 243, 245, 247, 253, 257, (styl. de Valérie Vermeeren) : p. 175, 237 ; Aline Princet (styl. de Pauline Dubois-Platet) : p. 27, 251, (styl. d'Isabelle Guerre) : p. 73 ; Franck Schmitt : p. 49, 53, 57, 59, 63, 67 ; Laetitia Vasseur : p. 9, 15, 17, 19, 23, 31, 37, 39, 41, 327, 329, 341 ; Pierre-Louis Viel (styl. de Valéry Drouet) : p. 163, 277, 289, 323
© Shutterstock : 4-5, 6-7, 24-25, 51, 61, 125, 207, 260-261, 320-321, 332-333, 339

Recettes
© Larousse

Textes p. 24-25, 46-47, 76-77, 108-109, 128-129, 144-145, 178-179, 222-223, 248-249, 260-261, 284-285, 320-321, 332-333 : Alice Delbarre

TABLE DES ÉQUIVALENCES
France - Canada

Poids	55 g	100 g	150 g	200 g	250 g	300 g	500 g	750 g	1 kg
	2 onces	3,5 onces	5,5 onces	7 onces	9 onces	10,5 onces	18 onces	27 onces	35,5 onces
Ces équivalences permettent de calculer le poids à quelques grammes près (en réalité, 1 once = 28 g).									

Capacités	5 cl	10 cl	15 cl	20 cl	25 cl	50 cl	75 cl
	2 onces	3,5 onces	5 onces	7 onces	9 onces	17 onces	26 onces
Pour faciliter la mesure des capacités, une tasse équivaut ici à 25 cl (en réalité, 1 tasse = 8 onces = 23 cl).							

CAPACITÉS
et contenances

Capacités		Poids
1 c. à café	0,5 cl	3 g de fécule / 5 g de sel fin ou de sucre en poudre
1 c. à dessert	1 cl	
1 c. à soupe	1,5 cl	5 g de fromage râpé / 8 g de cacao en poudre, de café ou de chapelure / 12 g de farine, de riz, de semoule, de crème fraîche ou d'huile / 15 g de sel fin, de sucre en poudre ou de beurre
1 tasse à café	10 cl	
1 tasse à thé	de 12 à 15 cl	
1 bol	35 cl	225 g de farine / 260 g de cacao en poudre ou de raisins secs / 300 g de riz / 320 g de sucre en poudre
1 verre à liqueur	de 2,5 à 3 cl	
1 verre à bordeaux	de 10 à 12 cl	
1 grand verre à eau	25 cl	150 g de farine / 170 g de cacao en poudre / 190 g de semoule / 200 g de riz / 220 g de sucre en poudre
1 bouteille de vin	75 cl	

Direction de la publication :
Isabelle Jeuge-Maynart et Ghislaine Stora

Direction éditoriale : Emilie Franc et Julie Martin

Direction artistique : Géraldine Lamy

Édition : Flore Beaugendre et Evanne Darchy, assistées d'Emilie Grasso

Préparation de copie et relecture : Fanny Delahaye

Couverture : Frédéric Manlay

Informatique éditoriale : Philippe Cazabet

Mise en pages : Emilie Laudrin

Fabrication : Donia Faiz et Laetitia Messadene

Les éditions Larousse utilisent des papiers composés de fibres naturelles, renouvelables, recyclables et fabriquées à partir de bois issus de forêts qui adoptent un système d'aménagement durable. En outre, les éditions Larousse attendent de leurs fournisseurs de papier qu'ils s'inscrivent dans une démarche de certification environnementale durable.

ISBN : 978-2-03-605447-9
Dépôt légal : octobre 2023
Imprimé en RPC
334390/01 – 11053423 – mai 2023